우리가 들국화였을 때

양 학 식

가리온

우리가 들국화였을 때

초판 1쇄 인쇄 2024.08.20.
초판 1쇄 발행 2024.08.20.

지은이 : 양학식
펴낸이 : 양우식
편집디자인 : 그나라
펴낸곳 : 가리온

서울 영등포구 신길로42가길3, 103호
010-5047-6954

ISBN 978-89-8012-090-1 03230

*잘못된 책은 바꿔 드립니다.

제시 題詩

우리가 들국화였을 때

이 언덕에 시간이 흘러 모두가 사라져도
사월이면 산딸나무가 홍매를 이어 피고
시월이면 금목서 은목서가 다투어 향기를 날리리

너는 구절초 나는 개망초
같은 방향으로 부는 바람과 한 비를 맞으며
여기까지 흔들려 왔으니
우리가 들국화였을 때를 영원히 기억하리

여학교로 가는 계단 옆에서 터져버린 왕벚나무
방학을 기다리며 매미 소리에 태질하던 연못가 수양버들
누군가를 그리며 노랗게 물든 공중전화 옆 은행나무
마른 열매를 달랑거리던 바람 찬 운동장가 플라타너스
전쟁 같은 젊음의 열정을 식히며 서걱거리던 화장실 옆 검은 대나무

이제는 사라진 것들을 추억하는
늙은 교사의 기도가 끊이지 않으리

목 차

목 차

목　　차

시 詩

걸상

나뭇결 사이로
나비가 날아가는 동안
나무의 색채를 내려놓으면
나름 곰팡이가 사는 것
나는 그것을 바람의 역사라고 하겠다

걸상
너무 오래 전에 지어진 이름은
친절하지 않다
다만 친숙할 뿐인
아버지의 이름같은 걸상은
잔디 위에 삐딱하게 놓여 있거나
교실에 줄 서 있거나
창고에 어긋 쌓여 있어도
장독대 옆에
돌멩이가 앉아 있어도
노인의 방 앞에 기울어 있어도
오래전 임무를 끝낸
퇴역군인
걸상은
낡을수록 걸상

걸터앉기 좋은
일하다 옷을 걸어 놓는
나무를 가로로 걸쳐 놓은
걸어가다 쉬기 좋은

2024.06.01. 생각해 보니 평생을 걸상 곁에서 살아 왔다. 그러나 낡을수록 이름 값하는 날이
오기나 할까 걱정이다.

고디바

고디바
그대가 우리를 위해서
레오프릭 백작과 마주섰을 때
높은 천정을 가득 채웠을 침묵의 무게와
조롱으로 돌아온 권력을 견딘 가녀린 떨림과

하지만 고디바
오랜 세월이 흐르고
세상 끝 어느 나라에서라도
우리 같은 농민의 세금을 낮춰달라고
그들에게도 포도의 새큼한 맛을 보여 달라고
떨리는 손과 발을 자르는 마음으로
그처럼 몸을 낮추는
간절한 사람이
있다면

비로도 망토를 두른 말에 오르세요
온 세상이 모두 창을 닫고
재단사를 경계하며
커튼을 드리우고
골방으로 들어가
말위에 오른 그대를 위해
우리가 만든 칠흑의 밤을 지나
고요하지만 거대한 함성을 들으세요

우리 집 골목 안을 지나는 잠시라도
부끄러워 고개 숙이지 말고
긴 머리로 가리지 말고
바람을 쐬러 나온
백작의 부인처럼
허리를 세워
지나세요
부디

2024.05.01. (노동자의 날) 백작부인 고디바는 고통 받는 노동자들을 위해 결코 달콤하지 않은
제안을 받았다. 그리고 알몸으로 말에 앉아 그녀의 영화를 노동자들의 평화와 바꾸었다.

세실(Cecile)*

너의 애비는 캐롤라이나의 뜨거운 햇빛을 좋아했다
농장에서 목화를 따는 하인들과 자주 웃곤 했다
부질없다고 타이르고 권고했지만
신념이 강한 너의 애비는
어느 날 낡은 지도 하나를 들고
내게 먼 동쪽 나라의 이름을 알려 주었다
애비가 되었으나 이 농장의 작은 주인은 표류했다

슬픈 얼굴로 목화를 따던 너의 애비는
먼 하늘의 독수리 소리를 들으며 배시시 웃다가
기어이 십자가가 새겨진 브라운 트렁크를 들고
갓 결혼한 아내와 목화순 같이 여린 너를 안고
조선으로 떠났다
두 번째 엽서가 가까스로 태평양을 건넜을 때
조선의 꽃 이름과 너의 근황을 들었다

조선의 종달새 울음은 굴곡이 심하다고 했다
조선의 석죽화는 빛깔이 황홀하다고 했다
너의 숨소리 같은 바람이 보리이삭을 쓰다듬는 사이
막 떠오르는 햇살로부터 고열이 시작되었다고 했다
나는 너에게 들큼한 야생 목화의 맛을 전해 주고 싶었다
파아란 너의 눈을 닮은 코잇 농장의 하늘을
보여 주고 싶었다

여름이 오기 전에 너를 작은 도시의 언덕에 묻었다고 했다
그곳 백성들의 질곡 때문에 너를 곡할 수 없었다
너의 애비는 감사하는 마음을 견지했다
그리고 이곳으로 돌아오기를 거부했으며
세실이 끝내 미치게 푸르러 아픈
조선의 가을 하늘이 되었다고 전했다
로베르타 세실 코잇 나의 손자

2024.04.15. 비오는 개교기념일에 생각하다.
*Thomas Hall Woods Coit(1909.09.14.~1913.04.27.)과 Roberta Cecile Coit
(1911.09.07.~1913.04.26.)은 선교사의 아들과 딸로 노스캐롤라이나에서 순천으로 건너와 불
과 두 살 네 살의 나이에 풍토병으로 죽어 이 땅에 묻혔다.

이상곡(履霜曲)

아침부터 비가 오더니 잠시 개었습니다
안개 낀 숲길은 서른 여섯 구비를 돌아 왔습니다

다롱디우셔 마득사리 마두너즈세 너우지

이 숲의 주인은 먼 곳에 있어 무심해 보입니다
서리를 밟는 발자국 소리는 산에 부딪혀 돌아옵니다

다롱디우셔 마득사리 마두너즈세 너우지

잠을 못 이루고 걱정하던 불의한 일들은
숲을 가로질러 새소리처럼 한사코 따라옵니다

종종 벽력(霹靂) 아 생함타무간(生陷墮無間)

망설이다 나무 위에 올라 소리 지르니
박수치던 사람들이 나무를 흔들어 댑니다

종종 벽력(霹靂) 아 생함타무간(生陷墮無間)

찾아와 간언해 달라고 부탁하던 사람이
왜 자꾸 싫은 말을 하느냐고 분노합니다

이러쳐 뎌러쳐 긔약(期約)이잇가

곧은 길을 두고 다른 산을 오르기 위해
어찌 다른 말을 하겠습니까?

이러쳐 뎌러쳐 긔약(期約)이잇가
아소 님하 한딕 녀졋 긔약(期約)이이다

2024.04.04. 아합왕은 400명이나 되는 거짓 선지자들의 아첨을 듣고, 바른 말하는 유일한 선
지자 미가야를 무시하여 결국 죽음을 맞이하였다. 교사를 교육의 대상이며 못 미더운 사람들이
라 여기면서 '사랑한다'고 말하지 말고 '사랑을 실천하라'는 예수님의 말씀을 끝내 못 알아 듣는
다. 1990년대로 회귀한 듯하다.
'모든 사람이 너희를 칭찬하면 화가 있도다.'(누가복음 6:26)

옛 가족

할아버지는 이름 그대로 가시호랑나무 꽃이었습니다

아버지는 말이 없고 웃음이 많아 가을의 샛강 같았습니다

어머니는 손이 크고 감정이 풍부해 모란 같았습니다

형은 화려하지만 해가 뜨면 오므리는 나팔꽃 같았습니다

누나는 상처가 많은 돌담의 장미꽃 넝쿨 같았습니다

여동생은 길가에 핀 색채가 다양한 분꽃이었습니다

막내는 구름 낀 날의 소금꽃 같아 늘 아팠습니다

2024.04.03. 나는 작은 피리로 큰 소리를 내기 위해 안간힘을 쓰는, 촉이 바짝 선 종교 같지 않았을까.

즐거운 붓 스물여덟

비단 소나무가 자라는 골짝 숲에 태고의 빛이 비춰니
마땅히 산의 너그러움이 넘쳐 미더운 연못가 온갖 꽃이 모인다

(錦松 洞林 元輝 山宜 允多 亶淵 萬花)

검은 암자 상서로운 바위에 건장한 사내가 좋은 차를 우리니
한결 푸른 여름 차에 어진 향이 가득 숨어 있음을 알았다

(玄庵 瑞巖 玄丁 茶賢 靑日 茗夏 仁香 悟隱)

비갠 후 언덕을 나선 샘물이 그늘진 바위를 돌아
밝은 바다 어진 바다로 흐르니 사슴이 사는 산은 아름답고 푸르다

(雨後 岡泉 隱石 海亮 海賢 鹿山 佳靑)

하늘을 집으로 삼아 너그러운 산의 진리를 지키는 미쁜 아이들이
냇물 소리에 산골나무처럼 모여 즐거운 붓을 든다.

(宇旻 德山 守眞 信童 川詞 山洞樹 靑筆樂)

2024.02.05. 짐승의 털을 먹물에 적셔 흰 종이 위에 인고의 글씨를 쓰는 사람들

아홉 개의 사진

1. 믿음도 성정도 가문도 좋았지만 그런데 예수님도 이 학교 출신이었나요.

2. 종일 어물거리다 불의한 핍박에 스스로 물러나 자신만의 평안을 취하다.

3. 온갖 수를 다 쓰고 욕심도 많아 이름처럼 학교에 상인으로 들락거리다.

4. 체격도 좋고 면모도 어진 분이 어지러운 성전을 쓸어 정화하지 못하였다.

5. 고집과 오기가 꽂핀 채 웃음조차 독하기 그지없어 망신을 자초하더이다.

6. 좋은 탈바가지가 얼굴에 들러붙어 갈등과 아픔을 남겨놓고 쓸쓸히 떠났다.

7. 거친 그 손에 피 냄새가 진하더니 앞에서 칭찬하고 뒤에서 욕하더이다.

8. 왕관이 무거워 삐거덕거리며 힘자랑으로 부하 직원에게 복수를 하더라.

9. 아무도 의심하지 않는 믿음을 굳이 드러내며 끝내 기도의 친구를 버리다.

2023.12.11. 그리고 우리는 어떤 사진으로 남고 싶은가. 성정이 급하고 욕심이 많은 나는, 이상을 좇아 그들과 불화하며 평생이 아슬아슬했다.

어떤 눈

눈은 하늘에서 내리지 않는다
어떤 눈은 나무끝에서
어떤 눈은 산마루에서
어떤 눈은 지붕끝으로부터
하늘을 배경으로 쏟아지는 것이다
삼라만상의 빛들이 지겨울 때쯤
하늘은 제 한구석을 떼어 잘게 부순다
그리고 구름 위에 얹어 묵혔다가
빛들을 다 갈무리해
땅을 일시에 덮어 준다.
눈은 하늘에서 내리지 않으므로
강에도 내리지 않는다
어떤 눈은 바위로
어떤 눈은 모래톱으로
어떤 눈은 마른 풀로
그러므로 사람들이
아프다 춥다 하지 않고
아름답다고 한다

2023.12.02. 눈은 따뜻한 봄이 어울리는 소품이다.

숨을 쉬다

병실의 첫 밤은 길고 깊다
새벽까지 창밖의 교회
십자가가 밝혀져 있다
오래 섬겨온 그분은
나를 사랑하시기로 하셨을까

아직 탈출하지 못한 일터
서른 해 넘어 분가했지만
세상이 낯선 자식들은
아직 숙제
한순간의 빛도 없이
한세상을 빚으로 살며
긴 그림자로 견뎌온 형제
기막히고 숨 막히는 세상에
숨 좀 쉬어 보자고 병상에 누우니
젊은이들에게 빌린 시간이
아날로그로 흘러 간다

기도가 시작되자
교회 탑에 불이 꺼진다
삼백 서른 날 곱하기
서른 다섯의 해가 이렇게
하나를 더하자

터널의 끝이 다가 온다
도대체 어찌 살아 왔길래
죄다 죄죄죄
어쩌면 좋은가
지나간 것들이 한결 또렷해지는 시간
창밖에 그분이 허락한
회복의 병상은 어디에 있을까

2023.10.04. 의사를 기다리는 새벽 시간이 길고 깊다. 생애 처음으로 입원을 했다. 작은 콧병이 걱정거리로 알려질까 아내만 아는 2박3일, 숨쉬기도 벅찬 세상에 너무나 오래, 지나치게 많은 말을 하고 살았구나. 의사에게 맡긴 생명 길, 이 사흘이 끝나면 숨 쉴 수 있을까?

소수민족

중화민국 산동성 연태시 개발구
1984탑 천지광장에 추석 달이 떠 올랐다.
폐허에서 살아난 소수민족의 후예들이
춤사위로 코로나와 작별하려는 듯

머리가 둘인 태평소를 숨차게 불고
큰 북을 두드리고, 야무진 쇠붙이로
세상을 들었다 내려놓은 더벅머리 사내들
알록달록한 옷을 입고 박자에 맞춰
타악기를 두드리다 가라앉은 아낙들
그들을 둘러싸고 겨우 살아 돌아와
끝나지 않은 가난의 옷자락을 들추며
피같은 소리를 토하는 사람들을 두고
나는 내일 비행기를 타야 한다.

인천에 나는 어떤 이로 내릴까.
오천만의 하나는 아닌 듯
체력이 꺾이지 않아 고집 센 낡은 사내,
밀레니엄 근처를 제하곤
권력에 한 번도 이겨보지 못했지만
결코 굽히지 않는 사람들,

지리산 서쪽에 뜬 달 한 조각 믿고

진드기같은 독재와 싸우다 반골이 되어
고개를 외로 꼬고
박해와 불화를 마다하지 않아
자식들 다 떠나는 반도 왼쪽에
쪼그라져 살아도 하나도 안 서운한
사시사철 좌회전만 비보호인 나라에
전라도 소수민족이 되어 내릴 터이다

2023.09.30. 연태 천마호텔에서 본 중국은 코로나의 폐허 속에 기지개도 시작되지 않았다. 추석날, 내상을 깊게 입은 소수민족들이 온갖 토속 악기를 울리며 천지광장에서 달을 바라보며 길게 울고 있다.
건강하고 영리한 아내를 얻고서도, 아직 세상이 서툴러 걱정하는 아들과 함께, 먼 동쪽으로 추석 달을 바라보았다

너태주

자세―히 보아야 쪼―금 예쁘다
오―래 보아야 겨―우 사랑스럽다
'나'도 그렇다

2023.07.07. 속상해서 아이들을 보면 '너도 그렇다'고 생각했는데, 살다 보니 '나도 그렇다'가
되어 버렸다.

두견

검은등뻐꾸기와 두견이 소리를 유심히 듣다가
누가 더 슬플까
집주인의 새끼를 떨어뜨린 제 새끼를 향해
단조로 우는 검은등뻐꾸기
밀려 떨어진 휘파람새의 새끼를 보고
두우를 조문하듯 길게 우는 자규
내 촉으로 그들의 사연을 알 수 없어
곰곰 숲을 내려오는데
새는 석양녘까지 오래 울어
숲의 소리가 되었다

검은 옷을 입고
가시나무 사이를 비집어
작고 헐거운 집을 겨우 찾았을 때
유난히 몸집이 큰 새끼를 위해
지렁이를 물고 바삐 날아가는
어느 새를 보았다

2023.05.20. 봄이 훨씬 깊어졌다. 어떤 소문을 전해 듣고 환갑을 지낸 두견새가 떠올랐다. 님아, 온놈이 온말을 하여도 님이 짐작하소서.

5월 16일의 교사

세월에 내몰린 선생들이 건강이야기 건망증이야기 농사이야기로 잡담이나 하는 4층 원로교무실에 스승의 날이 왔다. 우리도 젊은 시절엔 저러했노라 히죽이는데, 젊은 선생님들이 카네이션에 케이크와 원두커피 봉지를 들고 찾아 왔다. 외로울까, 뻘쭘하지는 않을까, 순종은커녕 경청마저 사라진 교실, 부자가 되자 신분이 높아진 학부모들 앞에서, 위험해진 학교에 배려가 잠시 찾아 왔다. 웃음소리 하나 가르쳐 주지 못한 늙은 교사들에게 그들은 어쩌면 우리의 선생들이다. 지나간 5월의 추억조차 없는 건조한 직장에서 구자명처럼 살아가는 그들은, 어제 우리의 스승이었다.

2023.05.16. 몇 분의 여선생님들이 찾아와 나를 울리고 가셨다.

원형탈모

십 원짜리 동전보다 작던 것이
점차 오백 원 동전보다 커지더니
손가락 몇 마디가 들어가게 커졌다
김학선의사에게 갔더니
호르몬이 교란되었은즉
스트레스를 줄이라 한다
지랄 맞은 인성이
머리 몇 올도 못 지켜
늦은 가을의 새들처럼,
겨울날 우리 곁을 떠난
친구처럼 떠나간다.
선우(先憂)하고 후락하려다
후락(後樂)은 구경도 못하고
선우(先憂)에 길들여진 DNA여
내 안에 있는 것들
다 드러낼 수 없어
내가 병들고 있는 것
테레사도 아닌
아간도 아닌
작은 도둑으로 살다 보니
젊음은 흘러갔다

2023.04.25. 옛것을 생각하며 미리 걱정하고, 다가올 것을 준비하면서 바투 살다가 문득 멈추어 보니 원형탈모가 구름 모양이 되어 간다.

비둘기

머리에서 목으로 몸통으로 완전한 곡선
촉촉한 눈빛, 걸음조차 아가처럼 걷는 새
화려하지 않지만 세련된 형체가
교실에 들어왔다

무엇과 무엇을 격리하기 위해
이렇게 투명한 가리개가 필요한지
허공을 떡 가르고 새의 길을 막는
유리를 이해하지 못한 새가
낯선 세상과 충돌한다

소만한 아이들이 호들갑을 떨자
새는 쉴 새 없이 펄럭이며
닫힌 유리에 마구 부닥친다
얼른 창밖으로 보내
선생의 평화를 가르쳐 주고 싶었으나
좀체 잡혀주지 않는 새를 위해
창을 죄다 열어 놓고
공부에 열중해 보기로 했다
나는 나의 일을 하고
너는 너의 길을 가고

2023.04.07. 펄럭이는 것은 새들만이 아니다. 벚꽃이 피자 아이들도 퍼덕이고 내 마음도 퍼덕
인다. 아이들을 진정시키기에 십 여분 진땀을 흘리자 퍼덕임을 잠시 보류했다. 어쩌면 내가 가
르치는 아이들이 교실로 들어온 비둘기가 아닐까.

봉은사(奉恩寺) 판전(板殿)

새앙쥐 한마리가 좌대를 돌아 간 뒤 먼지가 부처의 뽀얀 가슴팍으로 피어 오른다. 판자를 덧댄 문틈으로 스민 햇살에 부처의 미소가 벙근다. 늙은 과일의 그림자가 법당 위로 비칠 때 법당의 이름을 결심하였다. 판전(板殿), 새 판자가 헌 판자 위에 비틀대며 노인의 붓이 삐걱거렸다. 소롯길 너머로 반듯한 파촉의 문자가 아른댔다. 몸으로 생각으로 지은 죄를 북극대전에서 조아리던 사람들과 길 건너에서 사흘 후 만나기로 한다.

2022.09.17. 노과(老果)라는 호를 쓰는 추사(秋史)가 죽기 사흘 전, 판전의 이름을 쓰고 있다. 봉은사 판전에서 인터콘티넨탈호텔을 바라보며 생각했다.

딸 시집가는 날
봉은사 북극대전에 불자들은
미움으로 욕심으로 조바심으로
지은 죄 때문에 모두들 흔들린다
추사의 판전을 물끄러미 바라보다 문득
여기 엎드리거나 곧추세워 앉아 있는 사람들을
사나흘 후 천국에서 다시 만날 수 있을 것 같았다

스스로 그러하다 - 사계(四季)

겨울
누군가 내 이름을 부른다 목소리는 낮고 다정하다
눈 그친 세상은 고요하며 시간은 더디게 흐른다
작동하는 법칙의 모든 결과는 균등하여
아무도 눈 덮인 길을 찾을 수 없다
더딘 시간 낮은 지붕으로 그대 한없이 오라

봄
빛으로 한 걸음 다가서면 구름으로 한 뼘 멀어지는
감꽃이 송화(松花)에 구르는 자연
버나비 모아놓고 꽃이파리 흩날리면
한숨 밖으로 도망 나온 요란한 꿈
뻐꾸기가 멧비둘기와 이토록 다정할 일인가

여름
자욱한 벌레들이 별을 향해 부르는 세레나데
빈혈 속에서 꿈이 부풀던 청춘
미루나무 흰 구름 파도 백사장 이딴 것들
신열에 타오른 해바라기 그리고
지금은 사라진 잇속이 하얀 소녀 하나

가을
들판에 가득한 하모니카 소리가 투명하다`
햇빛이 얕은 수면을 튀어 오른다
살아왔을 뿐 부딪히면 뒹굴고 누르면 가라앉고
인내하던 계절을 저리 붉게 토해냈을까
분주해진 바람 서성이는 새들

2022.06.20. 지난간 것들을 대하는 자세는 지금의 나와 다르다. 그래서 그립다.

젖지 않는 우산

지붕 낮은 초가에 낡은 우산 하나
오남매는 빗속을 날째게 달려
학교에 갔습니다
비는 여전히 내리고
들일 나가신 부모님은
상기도 돌아오시지 않았습니다
종일 마루 옆에 세워진 우산은
끝내 젖지 않았습니다

2022.04.04. 주일 아침, 무(無)에서 오남매를 만드시고 고난의 길을 걷다가 좋은 세상 못 보시고 고난의 세상에서 돌아가신 부모님을 생각하면 부활은 내 생각에서 가능하기로 잠시 생각해 보았다.

앙부일구(仰釜日晷)

교무실 낡은 벽에 해시계를 걸어 두세 상의원 별감이 뒷걸음치다 옷
자락에 걸려 넘어진 자리에서 바라본 중화의 하늘 그 하늘이 그 하늘
이 아니라 느낀 순간 아이들이 교무실에 달려 들어와 까르르 웃게 하
세 반듯한 측우기 말고 번잡한 자격루 말고 진흙 길에 빠져 버린 수
레바퀴 말고 둥글고 맑은 얼굴 내일이면 어김없이 작동할 빛에만 민
감한 해시계를 걸어 두세 초침 분침이야 치레에 불과한 것 우주의 시
간이 그들에게 있다네 영침(影針)을 더듬어 꿈을 읽다가 곧장 십도를
감 없이 맞고 상기된 아이들 해시계를 걸어 두세 선도부 없는 정문
선생 없는 복도 감독 없는 교실에서 교무실로 싱싱 달려와 쳐다보고
또 쳐다볼 해시계 해시계를

2022.04. 교실에 붙일 시계를 찾다가 아이들에게 어울리는 시계는 오직 해시계, 벽시계는 거
추장스러울 뿐.

무심한 인생

산으로 옮겨 먹거릴 구하려니 달의 모공이 한결 뚜렷해졌다. 잎의 가는 숨소리를 들을 수 있으며 꽃의 용의주도한 흔들림을 눈치챘다. 문을 나서면 지체 없이 이슬이 바지 끝을 적신다. 시장이나 차가 없어도 개의할 일이 없다. 노파심이 상기해준 병원과 약국이 머니 조신한 하루가 더디 흘러간다. 바람과 새소리가 숲을 돌아 빗속에 잦아들 때 우리는 무심하게 집으로 돌아간다.

2022.03. 진실로 이렇게 살고 싶다. 귀거래(歸去來) 귀거래(歸去來)

서울의 해

서울에 해가 떴느냐. 어제 하루 관악산 뒤편에 뜬 태양이 너무 밝고 아름다워 다시는 해 안 뜨는 줄 알았다. 서울을 관통하며 느낀 빌딩 숲은 사람들과 너무 가까워 치명적이었다. 정의로운 햇빛을 쐬기 위해 도로에 서야 했던 기억. 집회를 마치고 돌아오면 헛헛하기만 한 추억. 그래도 귀갓길에 상경하려는 차들의 행렬은 역설적이게 아름다웠다.

2021.09. 서울은 집회를 위해서 간혹 올라 갔는데, 추석 무렵 순천에 가을이 가득하다. 옛날에 '서울의 달'이라는 제목의 쓸쓸한 드라마가 있었다.

신축년 여름 휴가

코로나가 엄중하기로 다행히 돈이 부족하여 집에 있기로 했다
매미 두어 마리가 점심 이후의 시간을 내내 울어 주었다
몸이 소파 위에서 떠오를 무렵 나라의 경제가 조금 더
어려워졌다
발칙한 바람이 거실로 한 바퀴 돌고 나갔다
분노한 오토바이 소리에 경유 냄새가 거실에 들어왔다
저노무 야구는 허구한 날… 캐스터의 흥분한 목소리가 저승까지
쫓아 온다
꿈속인가 파자마 바짓가랭이가 바람에 뒤척인다
손가락이 까딱였는지 채널이 트롯으로 넘어갔다
환갑을 맞은 스무살 머릿 속에 해바라기가 피었다
바이올린 바닷가 모래밭 젊은 날 가난한 친구들
뭔가 저물어가고 있다

2021.07.29. 신축년, 신축생 환갑을 맞은 이에게 재택근무가 설레긴 하지만 좋아할 수만은 없
다. 딸 아이가 집에서 공부하고 있다. 서른이 되어가지 않나…

사바이 디, 컵짜이

어두운 나라에 불빛이 하나둘 보이기 시작한다
비행기가 고도를 낮추고 건물 사이로 달려간다
안녕들하신가 오래전부터 궁금했던 땅 라오여
그대들 가난도 행복이라 오래전부터 들었는데
그 병 어디서 얻었는지 사흘 동안 가르쳐주게
그것이 어려워 늦도록 헤매다 먼 길 돌아 왔다네

돌아보지 않고 앞으로 가는 자가 어디 있을까
라오의 무심한 딸들이 오래 가슴에 있을 듯
먼지바람 일으키며 달려가는 길 위의 사내를
무심히 지켜보던 민낯의 내공이 그대의 힘
무소의 엉덩이에 붙던 파리로라도 머물고자
다시는 달리지 말자, 죽어도 어슬렁거리자

바나나 잎들이 뿌연 먼지를 뒤집어 쓰고 있었다
바쁠 일 없는 라오에 큰 길이 왜 필요했을까
버기카로 내달리는 객들에게 길을 내어 주고
손으로 코를 가리고 학교 가는 라오의 아이들
미소를 입꼬리에 감추고 웃음마저 고요한 이들에게
제 멋에 취해도 싼 커피를 찾는 나는 속물

2020.02.14. 우한에서 무시무시한 것이 나왔다는데 코로나19를 피해 라오스를 다녀오다. 우리 생에 넘어야 할 언덕은 아직도 셀 수 없으려니.

늙은 선생이 젊은 학생들에게

너희들 피부가 너무 희다. 운동장으로 집합!
너희들 키가 너무 커서 도저히 안 되겠어. 엎드려!
너희들 말이 통통 튀어 안 되겠다. 입 다물어!
너희들 눈 부셔 도저히 안 돼. 눈 감아!
나는 자꾸 늙어 가는데 오래 기다려봐도 언제나 그대로인 너희들,
졸업하면 학교 근처 얼씬도 말 것!

2019.12.26. 나의 관성은 모두 이렇게 변명이다

오래된 하산

세상이 천박해서 착하게 사는 일이 쉬워졌다. 가만히 있으면 평균 이상으로 선하게 사는 셈. 예순 해를 살며 모나지 않으면 선하다는 묵언을 받아 산을 내리다 멈추다.

물빛 푸른 송광 계곡에 누워 듣는다. 어려운 것은 공평하기, 평화는 말할 것도 없다. 윗물이 아랫물과 합하는 것도 쉬운 일이 아니어서 이리도 소란한데 소리 나지 않는 흐름을 본 적이 있느냐. 소리 없이 하산하는 법을 일러주랴. 나는 지나치게 오래 하산하고 있는 듯. 하산이 길어진 탓에 단풍잎 참나무 개다래 잎이 성글어 햇빛이 여과 없이 투과되고 있다. 배낭 안에서 오래 인내하던 아이스 아메리카노가 정상을 지나자 해빙하며 바닥을 드러낸다. 온난화는 이래저래 문제다. 시간은 햇빛을 좇아 까만 안경 낀 기사의 버스 앞자리에 앉아 부채질을 하고 있다. 머물 뿐 멈춘 적 없는 물은 내 과도한 하산을 대신하여 섭씨의 폭언 속으로 내려가 버렸다. 삶은 보리 몇 알을 고추장과 섞어 놓고 쟁반 위에 나란히 놓인 젓가락 같아서 이 염천에 하산을 누르고 있는 것이다. 아무리 세상이 쉬워도 묵언으로 살아서는 절대로 못쓴다고 절길을 서른 해나 운전한 기사가 설법하는 하오(下午). 이제 집 밖에 나가면 마구 떠들어야겠다. 오랜 하산길에 들은 물소리로.

2019.08.02. 송광사 계곡에서 자연인이 되어, 물 만난 계곡의 소란을 들었다.
악마는 착한 사람들의 침묵으로 산다는 말을 듣고 세상으로 내려 오기 싫었다.

김동순 여사

모진 세상이 얼굴은 할퀴어도 미소는 지울 수 없어
지분(脂粉) 한번 바른 적 없는 세월이 먼지처럼 가라 앉았다
그대, 여자였던 적 몇 날이었던가
거친 남자 아이들 측간(厠間)을 쓸고 다녀도
인상 근엄한 선생들 쓰레기를 줍고 다녀도
언제나 어금니에 금 이빨을 환히 보여 주시더니
육십줄 되자 숨줄을 놓은 부군의 죽음에
빠알간 수박 속살로 슬픔을 드러내시다

2019.07.15. 화장실 청소를 하시던 여사님께서 부군의 상을 치렀노라고 교무실에 슬픔보다 더
붉은 수박과 떡을 돌리셨다. 우리는 성의를 다해 그분을 보내드리지 못하였다.

말하지 않는 도시, 샤먼(廈門) 여행

이 여행에 설렘이 없음은 바람이 익숙해서가 아니다. 사람들이 낯설지 않아서가 아니다. 이곳을 앞서 거친 자, 머리 검은 자들이 떠들며 지난 길은 그저 지나간 길일 뿐이다. 삶이 익숙해져서는 안 된다. 낯선 곳을 향해 떠나려 하는 본능을 역행할 수는 없다. 나는 반도를 왼쪽으로 잠시 떠났음으로 말할 것도 없이 서해 끝을 지나가고 있다. 재앙을 떠나려는 자에게 익숙해지려는 도시가 말을 걸어 오지 않도록 지금 이렇게 떠나 있는 것이다. 낯설지 않은 거리는 큰 나라의 침략을 닮아 정갈하다. 여인들이 내다버린 생활은 호수를 지나 바다로 흘러 든다. 사내가 거쳐 간 술집들이 한 잔의 술도 권하지 않는다. 젊은 이들의 폐쇄한 웃음을 지구 탓으로 돌려 버릴 수는 없어서 슬몃 웃어 보았다. 웃음의 끝에 어슬렁거리는 바람이 호수로 돌아가는 모습이 보인다. 길에는 대륙의 조각가가 세운 용의 발톱이 제국의 숨소리를 내며 하늘로 솟고 있다. 먼 옛날부터 대국이 남긴 손버릇을 그들도 본받고 있음을 깨닫는 순간 여행이 저물어 간다. 여행이 끝나면 그 자리에 차오를 극강의 희열을 위해 말하지 않는 자들의 도시 샤먼은 정녕 잊혀질 것이다.

2019.03.20. 2019년 2월 간신히 하문에 도착했다. 유럽처럼 깨끗한 도시에 머리 검은 사람들이 산다. 그들은 도회사람들처럼 말이 없다. 나는 오랜 친구들과 침묵 속에 하문을 돌고 무이산(武夷山)을 내려와 토우(土偶)를 들러보았다. 삶은 얼마간 지속되겠지만 욕된 시간은 끝날 것 같지 않다. 샤먼을 돌아오면서 걱정이 나를 따라 순천으로 돌아왔다.

검은고양이장고

활터에 검은 고양이 한 마리가 산다 뒷다리 사이에 불알주머니를 무기처럼 달고 다니는 녀석이다 무시로 영역 다툼을 하느라 몇 개월 동안 귀에 피가 난자해 제법 불알 값을 하며 산다했더니 어느 틈엔가 활터 주인이 되어 요즘은 귀를 쫑긋하고 꼬리를 활처럼 치켜 어슬렁 걷는 폼이 그럴싸하다 빈 활터를 지키다 사람들이 나타나면 애 울음 같은 소리를 내며 가랑이 사이로 잽싸게 지나간다 손을 내밀어 머리를 쓰다듬어주면 어느새 발라당 누워 배를 드러내 보인다 영장인 사람도 세상을 살다보면 온갖 것들이 신경을 긁어 대는데 어제는 이 녀석 쥐라도 한 마리 잡아 먹었을까 화살촉으로 머리를 긁어 주다 말을 걸어 보았다 어제는 무얼 먹었느냐 옹졸하게 늙은 사람들의 간식 보리건빵 하나 던져 주면서 머릴 만져 미안하다 너는 무엇이 위로가 되느냐 어제 놓친 족제비 한 마리 무심하게 지나간 구렁이 한 마리 아무래도 잡히지 않는 서천 변에 피라미 한 마리가 나에게는 무엇일까 너의 머리를 쓰다듬다 나의 위로가 너임을 알았다 우리는 그것을 찾아 이처럼 오래 방황하며 살아왔지 말하는 동안 햇살은 찬란하게 부서지고 깃발은 느슨하다 잔디가 황금빛이다 하늘은 푸르고 하얀 구름은 가지런하다 먼 산에 나뭇잎이 노랗고 **빨갛고** 아직 푸르다 멀고 가까운 들판에 벼들이 누렇게 익어가고 주홍 감들이 지천으로 매달렸다 검은고양이는 내내 딴청이다가 자갈 위에 눈을 감고 가르릉 거린다 사람들이 활쏘러 오기 전 천지가 잠시 평화로다.

2018.11.05. 진짜 평화가 어디 있는가 잠시 노곤하고 싶다 우주에서 가장 바쁜 주말을 보내고 학교에 왔다 정남향의 교무실에 가을 햇빛이 찬란하다 평화란 결국 믿음이다 아무도 해하지 않으리라는

에게해에 묻다

바람은 나그네에 관대하여 순하고 따뜻하다
불가능을 깨달은 사람들은 오랫동안 에게해를 보고 싶었다
본질적으로 제 사는 곳을 떠나고 싶은 자들
한번은 나그네가 되고 싶은 사람들
내륙 저쪽엔 지중해와 호수와 모래 언덕뿐
돌 하나도 돌 위에 남기지 못한 사람들의 유적은
결국 에게해 해변에 이르러 멈추었다
우리는 랍스터 한 마리를 회쳐 먹었다
그렇게 지중해와 에게해의 만남은 상징이 아니라 현실이었다
작은 오토바이가 발발거리며 시멘트 길을 지나갔다
너덜거리는 축구공으로 먼지 속에서 다리 짧은 아이들이
뜀박질하고 있다
웃통 벗은 아이들이 와자한 모래밭은 바다 쪽으로 해가 지고 있다
에게해 해변은 역광으로 인해 노을 배경의 사진 한 장 허하지 않았다
큰 개들이 평화롭게 어슬렁거리고 있다
내가 나그네가 된 후 세상의 모든 바다는 질실로 진실로 고요하다
그러나 적의 없는 개의 눈빛만큼 오래 심드렁한 세상이 어디 있어서
우리는 이 바다를 그리워했을까
뱃길을 바라보던 사내들의 저음이 공명하는 이곳
바람이 조금 더 따뜻해지기를 기다리다
불가능에 대해 생각하며 에게해에 귀 기울인다

2018.10.09. 한글날 임실(任實) 군자정(君子亭)에서 활을 쏘기 위해 한정 없이 기다리다 몇 년 전 다녀온 에게해에 물었다. 나는 얼마만큼 와 있는지.

꽃불

우리 여기까지 왔지요
거짓말쟁이들 틈에서 도망 나온 겁쟁이처럼 살다가
여기 바람 센 용당골
삼산 아래 철길 옆에서
죄인임을 깨달아버린 사람들
지금은 제법 화를 누르고도
아프게 웃을 줄 아는 손끝 시린 사람들

믿음도 하나같지 않았지요
더러는 열정에 몸서리치며 떠난 사람도 있었구요
살가운 이웃으로 남고 싶었지만
이삿짐에 눈물까지 싣고 갔던 낮달 같은 사람도 있었구요
더러는 아, 세월에 밀려
재회의 소망 속으로 가버린
기도가 폭포수 같던 사람들
동천(東川)에 꽃 사태 찾아오면
손잡고 가고 싶은 보고자운 사람들이
전설처럼 사라진 이곳은
빈곳처럼 허전하기도 했었지요
채워지지 않은 넓은 뜰의 빈 곳들을 보며
내탓이거니 부끄러워 한숨 쉬다
기도하는 사람들
그러나 결코

금속처럼 값싸게 반짝거리거나
비닐처럼 가벼이 흔들리지 않을
없는 것, 보이지 않는 것의 실상을 부여잡고
견뎌내는 사람들이 우리이지요

또 열두 달이 떠난다고 소란 떠는 사람들
머리 위에 무엇이 떠오를까요
밤새 추위에 가슴 떨던 새들을 품고
간밤 바람에 흔들리던 봉화산의 숲을 떠나
둥실 떠오를 새해는
고목이 되어 가는 젊음을 깨울 수 있을까요

세 번째 홰를 치는 닭소리로
우리의 새벽을 깨워 용당다리를 건너
바람의 전용통로를 지나 여기까지 왔지요
우리를 사로잡은
진한 지중해빛 눈동자와
사막에 그을린 거친 수염과
흑해를 건넌 소금절은 고뇌가
불밝혀 나가야할 세상
그래서 새해에 뜨는 해는
피가 배어 피는 붉고 누런 꽃불이라지요
기어이 환한 미소로 통곡해야할 촛불이며
수십억개의 가슴에 켜켜이 떠야 할 시리고 시린
눈빛입니다

2천 년 전
다 이룬 이의 소망이 되어야 하기에
우리 여기까지 왔지요
채찍과 가시관이 얽힌 길
손에 손 걸고 끄집어 올려야 할 꽃불 있어
어두움 저편 새길, 여명의 길
더욱 화안합니다

2018.09.14. 용당동의 넓어서 허한 교회에서 또 한 해를 맞이하다.

붉은 이유

가을 잎이 붉은 까닭은 지난 여름을 토해 내기 때문이다
우리가 덥다 초유의 현상이다 불평할 때
축 처져서 한마디 안하던 잎들이
인내하던 것들 부대끼던 것들을 소화하다 못해
그 더위 다한 즈음에서
해질녘 노을빛에 몰래 토하다가 이렇게 된 것이다
우리가 그것을 아름답다 말하려면
더 참고 견뎌야 염치 있는 일이다

2018.09.13. 나는 무얼 인내하고 있는가. 아무것도 아름답다 말할 자격이 없다. 얼마의 시간이
지나야 어른이 될까. 숫타니 파타의 무소의 뿔이 생각나는 계절의 끝 아니 시작이다.

젊은 선생님에게 늙은 선생이

나에게 미안하다고 말하지 마세요
저는 월급이 많은 교사입니다
세상의 기준에 돈은 가장 큰 것이니
조금 더 일해도 희생도 봉사도 아닙니다

고맙다는 말도 하지 마세요
아무도 이제 나에게 함부로 말하지 않아요
제가 조금 잘못해도 너그럽게 넘어가곤 하죠
그러니 제가 작은 편의를 베푼다한들 뭐가 대숩니까

학생들에게 들볶이다 교무실에서 태산같이
나이 먹은 교사에게 머리 숙이지 마세요
그들은 대개 취미서적을 읽거나 인터넷에서
뉴스를 검색하고 있을 겁니다

끝없는 일에 헤매다 교실로 달려가며
교장 교감 의식하지 마세요
그들은 대개 오년 안짝이면 머리가 다 빠지고
피부에 주름이 늘어져 입꼬리가 쳐집니다
저를 칭찬하지 마세요
집에는 청소에 이골난 아내 하나만 있으니
오늘 밤 당번을 대신한다고 해도
기다리는 아이들 하나 없습니다

저는 이 교육 말아먹은 세상에서
교육 당하지 않는 아이와 그들의 부모를 만든 공범이며
남은 햇수를 헤아리며 안심하고
연금을 떠올리며 살아가는 속물일 뿐입니다

2018.09.12. 선생님은 복도에서 얼굴을 감싸고 울음을 터뜨렸다. 나는 아이들의 눈이 무서워서 어깨도 감싸주지 못하고 화장실을 가리키며 들어가시라 권해 드렸다. 아이들아, 학부모여, 삶이 그대들을 속이는 동안 교사는 무엇에 속아 진공의 교실까지 왔더란 말이냐.

태풍(솔릭)을 기다리며

지난 여름 우리는 지난한 계절을 보냈다
백 몇 년만의 폭염과 오랜 가뭄
그래서 사람들은 태풍 소식조차 기대했다
몇 개의 태풍이 이국적인 이름을 달고 일어났다
이 땅에 비 한 방울 없이 사라졌다.
그리고 지금 솔릭이라 이름한 태풍이
제주도에서 느리게 소란을 떨고 있다
아침 8시 반
아이들의 교실이 임시휴교로 고요하다
몇의 교사들은 커피를 들고 컴퓨터 앞에 앉아
자판을 두드리며 휴업의 짧은 평화와 낯설게 마주하고 있다
아직은 참으로 고요하다

지금 눈 앞에 벌어질 평지풍파가 잠시 숨을 고르는 동안
부디 내가 희희낙락하지 않길
잠시 후에 닥칠 빗속에서 지난 가뭄을 탓하지 않길
창문을 밀고 불어오는 바람 탓에 지난 폭염을 원망하지 않기를
그래서 삶의 모든 순간이 복이라 하기 위해
나는 아둔하지만 새벽을 깨우고 있는가
얼마 후일까
나뭇잎이 분간 못하게 흔들리고
창문에 빗방울이 간단없이 부딪치고
짐승의 신음으로 할퀴고 갈 바람과

아스팔트를 덮고 잽싸게 언덕을 내려가는 우수
그것을 지금 우리는 기다리고 있다
아니 그것이 지나기를
그리고 후련해하며 잠시 창백한 표정으로
창밖을 보다가 이내 일상으로 돌아가며
가볍게 떨리는 손으로 문을 여닫고
사람들과 겉도는 대화
솔릭 너는 무엇을 가져다 주려고
지금 이토록 침묵하는가

2018.08.23. 솔릭 때문에 휴교, 그런데 끝내 싱거운 고요와 평온은 묘한 여운을 주었다.

태풍 후

태풍이 고요히 지나간 후 호남평야를 내려오다 아버지가 떠올랐다. 아버지, 평야엔 벼들이 누우래요. 그으래? 나락을 베기도 하더냐? 아직이요! 허기사 수확은 우리가 먼저일터. 지게를 지고 들로 나가시던 아버지는 이제 영영 안 들어오시고 나는 다시 누구에게도 농사 소식을 전할 수가 없다. 그래서 하행선 구례 어디를 지나 순천으로 오다가 먼 산에 뜬 달을 보고 중얼거렸다. 아버지 이번 태풍은 쉽게 지나갔어요. 다음 태풍이 두려워요. 아들아, 태풍은 두려운 것이 아니더라. 살다 보니 태풍 후 볕이 더 무섭더라. 평생 햇볕에 그을리시다 너무나 갑자기 떠나시고 내 꿈속에서조차 아직 돌아 오시지 않는 아버지는 그렇게 말씀하시고 싶으실 거다.

2018.08.20. 아버지는 호남평야의 농사 소식을 늘 궁금해 하셨다. 솔릭은 겁만 잔뜩 주고 쉽게 지나갔다. 그리고 이제 태양이 구름 뒤에서 대기하고 있다. 그것이 아직은 두렵다. 아직 젊어서일 거다.

과일 따기

누구나 나무 위에 익은 열매를 보며 먹고 싶어합니다
어떤 사람들은 내 나무가 아니라고 지나칩니다
대부분은 주위 눈치만 보며 입맛만 다시고 있습니다
어떤 사람들은 나무에 오르기 위해 발을 밀어 달라고 요청합니다
어떤 사람은 나무 그늘에 서서 구경하며 열매의 맛을 상상하며
칭찬합니다
그런데 어렵게 올라 따낸 그 열매는 기실 나누어 먹을 것입니다
저는 태생적으로 나무에 오르길 좋아하나 봅니다 돌아보면
언제나 나무 위에 홀로 올라 있습니다 비는 오고 매미소리는 참 시끄러워
나무에 오르기 어렵습니다 그리고 불행하게도 저는 뒤에서 수근거리는
소리에 민감합니다
지금 우리는 배가 고프며 목이 마릅니다 저는 괜찮습니다 나이 먹어 소화
도 잘 안되고 과일 따위 한 이틀 안 먹어도 그다지 힘들지 않습니다
저는 이제 어떻게 하면 나무 위에 오르지 않을 수 있을까
궁리 궁리하고 있습니다 누가 내 대신 나무에 올라갈 사람이 있으면
좋겠습니다
아니 나무에 올라가 있는 동안 흔들지나 않는다면
과일을 따 내려오는 손이 자랑스러울 거라 생각하지만 여의치 않습니다
작은 과일 하나를 땄습니다 저는 여전히 심장이 두근거립니다
과일의 주인은 우리가 분명한데 큰 주인집 근처에 당분간 못 갈 것
같습니다

2018.07.02. 교감 선발의 열매를 따는데 발을 밀어주신 선생님들이 고마웠다

함배미 당숙을 보내드리고

울고 싶은 나이가 되었습니다
시시한 옛날 노래에도 뭉클하는 가을 같은 날
동네 가득하던 당숙들이 하나둘 가시더니
마지막으로 함배미 당숙의 부음에
장례식장으로 달려갔습니다
60 초반의 사촌 동생을 먼저 보내고도 30년
늙으심도 당연하련만
백발이 외람된 영정사진이었습니다
언제나 사촌 동생네 집을 멀찌기 바라보시던
그 얼굴이 흰 국화 속에 웃고 있었습니다
그런데 나는 울 뻔했습니다
상주의 취기가 없었다면,
수 없는 조카들과 수인사가 없었다면
그 왁자한 소음만 없었다면
나는 인생에서 마지막 어른을 보낸 아픔을
오열로 털어냈을지도 모릅니다
평생 잊혀지지 않는
당신의 그 말씀
모질게도 가난한 집에서
신고(辛苦)를 겪는 5촌 조카를 보고
'네가 부모를 잘못 만났구나'
애처러워 하시던 말씀과 눈빛
그것이 평생의 위로였습니다

살면서 내게도 위로가 필요할 때
이제 그처럼 깊게 위로할 누가 있을까
아니, 내가 어른이 되었으니
누군가의 위로가 될 수 있을까
이 아침 봉화산에 동그랗게 오른 해가
물끄러미 떠오릅니다
이제 너의 차례라고…

2018.03.10. 6형제의 할아버지 아래, 동네에 가득하던 당숙들 중 마지막으로 돌아가시다. 배고 픈 학창시절부터 유독 내게 따뜻하며 측은히 여기시던 당숙, 명복 있으시길.

사는 이유

이 잿빛 나이에
반값 사이트에서
바지를 사는 행위는
사람들 보기 우세스러운 일이다
모니터 주변을 흘끔거리며
옷을 돌아보다
후다닥 옷을 샀다

이것은 무엇인가
나는 이틀 후에
옷을 받아 볼 것이다
퇴근해서 텅 빈 집으로
들어가면
현관에 낯선 소포
갈색 비닐 봉투에 담겨 있을 것이다
나는 봉투를 뜯으며
설레 서두를 것이다
그뿐
그 옷은 몇 년
보이지 않는 옷걸이에 걸렸다가
사라질 것이다

그 잠시의 기대가 부스럭거리며
눈치 보며
신용카드
보안카드를
차례로
만지게 한다

그래서 사는 것이다

2017.03.23. 실로 오랜만에 시를 지었다. 오래 고쳐야할 시겠지만 그래도 다시 시작할 힘이 남
았는가. 아이러니 하게도 바빠야 시도 나온다. 딸 아이가 직장생활 잘 하길 바란다. 그 어린 것
이 사람들 사이에서 눈총 받지 않고 견뎌주길 기도한다. 아들을 위한 기도를 다시 시작해야겠
다. 애비의 삶이므로.

새해에 뜨는 눈빛

전설이 사라진 마을의 이마위로
네온이 흐르는 12월엔
십자가가 가슴에 켜지던 시절
눈이 내리지 않는 세상 속에서
젊음은 점차 고목이 되어가고 있었더랍니다

사람들 만나고, 일을 하고
짝을 만나고, 아이도 낳고
아이들 떠나면
머잖아 늙고 완전히 죽으리라
다짐하며 살았더랍니다

어느날
진한 지중해 빛깔의 눈동자와
사막의 햇빛에 그을린 거친 수염과
흑해를 건넌 소금절은 고뇌
결코 금속처럼 값싸게 반짝거리거나
비닐처럼 무심히 흔들리지 않아
온 생애를 거스리는
한 눈빛이 가슴에 들어왔더랍니다

그 눈빛 깊고 환한 탓에
닭이 홰를 세 번 치기 전

통곡하며
바람의 전용 통로가 되어버린 새벽 거리를
헤매게 되었더랍니다

또 열두달이 떠난다며
소란떠는
온갖 사람들 머리 위에
내일이면
무엇이 떠오를까
도포자락처럼 빛을 뿌리려
밝고 환하게 걸린
그 빛 있다길래
이밤 촛불들고 섰더랍니다

아, 이 아침 뜨는 해가
전설 속에 다가왔던 그 눈빛
깊고 환한 눈빛이
용당다리 이쪽에서 뜰터이니
그 눈빛 맞으러
환하게 기다리랍니다

그 눈빛이
장차 떠오른다기
내일의 새 해는 참 환할거랍니다

2016.12.20. 또 한해를 맞이하기 위해 먼저 시를 지어 보다

나무베는날

중마크레인이와서부릉거린다
까치부부가집을지키려고황망히날개짓을한다
수십년지켜온자리에메타세콰이어가오늘베어지려나부다
넘어지면사람다친다고
같이살자는세상인데
맨날집만짓다왕벚나무베고은행나무베더니
이제매산고등학교의정신같은나무하나
용납하지못하고베어지고말려나
아쉽고아쉽지만말한마디못하는
백면선생은미안한마음으로창밖을보다
커튼을닫아송구한마음을표할뿐
용납하소서…
윙하는소리가난다
저승가는길에서나는소리가저럴까
예수님매단사람들이지르던함성소리가저럴까
내삶다하기전에나무들세상에몇그루나남을까
하늘나라가는길에시원한그늘하나없으려니

2017.04.25. 연못옆작은정원의메타세콰이어는키가커서슬픈나무이다.

승질

별짓을 다해봐도
손댈 수 없는 걸까
번번히 후회하면서도
이처럼 끓어 오르는 불

무엇이 내 속에 들어가
더러운 것을 끌어다가 꺼내놓고
사라지는 것일까?

딱 오 분 시원하고
오래 고통스러울 줄 알면서도
기어이 토하고야 마는
내 토사물을
나조차도 어찌할 수 없어

2016. 但看花之開落 不言人之是非
(다만 꽃이 피고 지는 것을 보되 사람의 시비를 말하지 않는다)
내 책상위에 떠억 붙은 글

산그늘 속의 여인

1. 음식

음식 잡수세요
나라님 알현하시고
골고루 잘 사는 세상 만들어 주세요
고마우신 분
저 낙엽이 오늘 저를 비장하게 해요
주막에 당도하여
가마에서 내리는 적에 얼핏
낙엽처럼 늙으셨더이다
여전히 꼿꼿하셔서
좋아하시던 음식 잡수세요

하늘도 더러는 무너지더이다
짐짓 멀리 하심도
배려였음을 어찌 모를까요
가거라! 그 한마디로 고개 돌리심
거부하지 못함은
고요한 세상에서 찬 바람 부는 세상으로의 떠남일 뿐
댓돌아래 모래만큼 의미 없음이요
아들 보낸 아비의 심정을 모름에서가 아니라
세상을 바꾸어야한다는 그 생각을
이길 수 없어서 였음입니다

이 음식 맛나게 잡수시고
한번만 얼굴 들어 쳐다 봐 주시어요
동박으로 쪽지고 고개 숙인 아낙이
둘째 며느리였음을 바라 봐 주세요
세상에 없는 음식은 아니지만
먼지 같은 세상을 사는
둘째 며늘아가가 만든
가장 진한 눈물로 끓인 음식입니다
나의 아버님

2015.10.14. 둘째 아들을 잃고 사회적 관습을 거부하고 며느리의 재가를 허락한 이황. 완강히 거부하다 떠 밀리듯 살림을 차린 며느리, 이황 선생이 다시 벼슬살이로 불려 한양으로 가는 길에 선생이 머무는 주막으로 둘째 며느리가 찾아왔다. 그리고 시아버지께 감사함을 표하기 위해 준비해 온 음식을 대접하였다 한다.

연매불변(蓮梅不辨)

곱고 작은 꽃
그 이름을 가르치기 위해
열일곱씩 먹은
작고 고운 아이들을 데리고
들판 목련 앞에 섰다
'이꽃은?'
목소리 모아
'목련!'을 기대하며
크고 거친 내가 물었다
침묵이 뭘까
잠자코 서있던 아이들
"매화?", "벚꽃?"
아주 자세히 보아야 조금 예쁜 아이들이다
이들은 어쩌다 열일곱이나 먹었을까

학원에서 학원으로 쫓겨다니다
문득 봄 앞에 몸을 꼬고 서버린
대책 없는 아이들
목련이 지기까지 사나흘의 봄이 겨워
꽃 그늘 아래 서 있는
이들의 눈에
내가 본 꽃의 이름은
무엇일까

2016.04.20. 4·19도 지나갔다. 벚꽃도 날아갔다. 나는 하나도 안 변한다. 아이들 변하기 기다리다 아무래도 내가 먼저…

봄날

나같은 어른 되지 말아라
부디 봄날만 같아라
지나보면 겨울은 언제나 짧더라
살을 할퀴고 뼈를 시려서
모두 웅크리고 피하는 계절

나 같은 선생 되지 말아라
열정은 여름 같되
사랑은 봄 같아라
지성은 겨울 같되
추억은 가을 같아라

나 같은 애비 되지 말아라
땅위에 뿌리내린 모든 것들이
다 제 것 소중하다 해도
나 하나쯤 밖을 바라보며
쓸쓸해할 자비로운 사람
이 되어라

2016.04.05. 야생화 탐구부 아이들에게 큰 개불알꽃과 꽃마리 이름을 외우게 하는 데만도 10
여분이 걸린다. 벚꽃과 목련을 구분하지 못하는 아이들에게 기어이 목련은 나무에 핀 연꽃이라
고 말해야 했다.

세상은 나에게 어떤 이익도 주지 않는다

서생이 하는 일
온통 세상의 밥이 되어
나이프와 포크아래 넥타이를 맨 채
접시에 누어있다

더러는 집을 사고 팔고
음식점 예약도 해야 하고
어떤 때는 영화도 한편 보고
묫자리 일도 해야 하는 세상
태어나면서부터
선택의 열차를 탔다

아는 사람의 중고차를 샀다
달라는 돈에서 십만 원을
소심하게 깎고 미안해 했다
몇 개월 후 엔진오일을 갈다가
정비소 직원이 질색을 한다
이런 차 타다가 큰일 납니다
차를 바꿔 타기로 했다
아는 중고차 딜러에게 연락했다
싸게 팔고 믿고 차를 바꿨다
한참 후에야
매연이 심하다고 생각했다

조금 손해 보겠지
여기 저기 다니며 수리를 했다
정비소 하나하나가
의미 없는 부품을 갈아댔고
기십만 원이 들었다
마지막으로
120만원이 들고 나서야
정신이 번뜩 들었다

서생.
세상은 나에게 어떤 이익도 주지 않는다
아Q를 보며 그를 기리다
의자에 앉아 잠시 졸다가
깜짝 깨어 일어났다
참으로 힘든 중고차 사기

2015.06.04. 유월 모의 평가가 한창이다. 서생살기 한심한 며칠이다. 그래도 사고 나서 다시
팔 수 있으니까, 사람 버리지 않았으니까 살자. 이 시로 안타까움 쓸어 내리자.

최여사에게

심수봉의 노래는 정말
절창입니다
끊어질 듯 이어지는 애절한 가락은
사랑밖에 난 모른다는
절절한 고백은 천치를 떠 올립니다
계절은 가을을 돌아
겨울로 들어가려합니다
하마터면 혹해버릴 만큼 상큼한 계절
그것이 점점 무거워지는 시간의 짐이므로
당신을 어떻게 부려야 하는지 고민하고 있습니다

사람들은 신념을 버립니다
나도 신념을 버리는 중인지 어떤지
그걸 몰라 이처럼 삶이 생소합니다
40년 전 정류장 이발소에서 만난
푸시킨이 옳습니다
삶이, 정말 삶이
우리를 속입니다
그대도 세월에 속아
지금 이런 생각의 집에 있습니다

신념
간혹 버려도 될 듯한
아니 버리면 오히려 편할 것 같은
참으로 추운 집이지요
나는 감히 그대에게
다시 옛 신념으로 돌아가라
말할 수 없습니다
옛 신념의 낡고 추운 집은
이렇게도 무겁기 때문입니다

2014.11.21. 장로라는 무거운 짐을 지었다. 아직 나는 무거운 짐을 감당할 만큼 건강하지 않다. 다만 지금처럼 내가 할 수 있는 최선을 다할 생각이다. 그 나머지는 모른다. 하나님께 맡긴다. 자꾸만 나, 나, 내가 튀어 나오려고 한다. 하나님!!! 수영을 다시 시작했다. 평형이 엉망이다.

장로

꿈도 거침없는 꿈은 없다
꿈도 희미하고 더러는 발도 떨어지지 않는 법
가난을 불쌍타 생각한 죄로 큰 벌을 받다 그것 뿐

꿈도 접으라시면 욕망을 꿈으로 접으리라
사는 것이 죄 투성이라 어쩔거냐
밤마다 꿈속에서만 사람 노릇할 듯

몇 벌의 양복이 나를 대신하여 교회에 설까
영혼을 앞지르는 차가 교회에 앉아 있을까
성실을 가장한 오만이 게으르게 계단을 오를까

얼떨결에 흰 옷의 긴 자락을 끌고
언덕을 향하는 꿈을 경험하라고 강요한다면
이 잔을 피하고 싶었던 실존은 흔들린다

대낮에도 밤을 꾸미며
호기롭게 살던 어둠의 시간을
이제 침묵의 세상으로 밀어 넣어야 한다

2014.10.18. 기어이 장로로 피택되고 말았다. 덜컥. 세상에 이 죄투성이가 도둑놈에게 큰 짐을 지어주면 도둑질은 어떻게 하라고, 답답한 일이다. 피민폐나 되려는지!

위층 남자 이순신

우리집 위층에는 이순신 장군이 사신다
보무도 당당하고 인상이 단호하신 분이시다
그의 사전에 뒤꿈치를 드는 등의 소심함은 없으시다
워낙 대찬 분이시라 코 고는 소리로 동네 아낙을 깨우신다

교회를 어설프게 다니느라 일흔 번의 일곱 번을 다 참지 못했다
인터폰에 대고 '우리집 장식장 그릇이 마구 울려요' 했더니
'당신이 올라 올거요 내가 내려 갈까요'라 하신다
정히 그러하오시면 내려 오시지요 했더니

어깨를 수평으로 하고 초인종을 울렸다
팔뚝에 근육이 실룩거린다. 이순신…?
칼도 활도 들지 않았지만 문 앞에 서 계신
저 무서운 사내를 내가 이길 수 있을까?

도토리 하나도 가슴과 무릎은 닿게 해야 줍는 법인데
내가 어찌 이순신 장군의 사과를 받을 수 있으랴
편케 사시라고 합의해 드리니
연신 흔들리는 장식장 속 할아버지 그릇을 쳐다볼 수 없다

2014.10.13. 도토리를 주어서 묵을 쑤려는 할매들이 어제까지 지천이던 도토리를 다 주어 가
버렸다. 진짜다. 우리 이층에는 이순신보다 어마어마하신 분이 사신다. 노량에서는 누가 죽었
을까? 일본은 각오해야 할 것이다. 이 장군님 생존하신다!

애비우스의 시

딸아이가 시시껄렁하게 울어 댄다
눈을 삼각형으로하고 눈가가 발갛다

애비의 세상이 얼마나 치열했는지를 말했다
딸은 단지 그 세월을 감탄했었다.

애비는 절망을 딸에게 주고 싶지 않다.
그래서 그가 일군 시간을 뺐어야 했다.

애비가 일구어온 고통은 애비가 끝내고 싶었다.
그래서 딸에게 그 시간 묻으라 명령했다.

애비가 홀로 눈물 흘리리라
그렇게 끝낸 오래 전의 내 시간이 있었음으로

2014.03.26. 미안하고 미안하다. 생각할 때마다 마음 아파 짠하다. 부디 마음 편해지길 바란다.

무지개 홀, 은행나무

양복 깃에 흐르는 윤기가 목에서 가슴으로 떨어진다
푸른 스트라이프 무늬의 와이셔츠가 정갈하게 빛난다
스틸의 감을 내는 넥타이가 볼록한 배를 정교하게 가린다
목덜미와 귓불이 반짝이며 마이크를 들고 선 이를 내려보고
여기 앉아 있다

지난 가을 이곳에
황색 얼굴을 하고 노랗게 빛나는 은행나무 대신
나는 그렇게 앉아 있다.

나는 매곡동 아줌마들의 혈액순환에 도움이 되는 사람인가
나는 매산등 총각들의 정기에 헌신한 바가 있는 사람인가
나는 멀찍이서 서녘을 바라보는 시민들의 가을 황혼에 불타는 사람인가
은행나무가 늠름하게 서 있던 자리
지금 무지개 홀에는 내가 무심히 앉아 있다

2014.02.06. 우리는 참 무람한 존재이다. 그렇게 오랜 세월 순천의 서쪽 하늘을 물들이던 장엄한 나무를 베어 내고도 무심하다. 우리가 누군가의 마음을 그렇게 아련하게 한 적이 있을까?

미국제비꽃

선교사가 살던 터에 봄꽃이 피었다 꽃은 화려하지도 않고 수수한 꽃
이었다 이 땅에는 양지꽃 제비꽃 복수초가 그득한데 어디서 본 듯한
꽃들이 피었다 다른 꽃이었다 히어리도 피었다 골담초도 입을 내밀고
있다 황매화가 곱다 미국제비꽃이란다 백인 제비꽃이라 이름하고 싶
었다 이땅에 하얀 모습으로 와서 수줍게 꽃피우고 숭고하게 살다 간
그들의 모습을 닮은 꽃 미국제비꽃 왜 우리는 그들을 종지나물이라
하는지 생각해 볼 일이다.

2013.04.19. 꽃이름을 배우니 조금 환해진 것 같다

영화

영화한편좋이만들고있을까이렇게살면영화가될까도무지실감나지않은것이영화인지삶인지모르겠어인생이살아지는것인지살아가야하는것인지도모르는찰라장면은수만번바뀌어도생각이바뀌지않는다영화가이렇게반전이없으면재미없을텐데내가참고사는것이잘한는일인지몰라나는왜영화같은삶을사는걸까아니왜영화같은일이벌어지지않는걸까

2013.04.18. 순천정원박람회한다고비행기가시끄럽게오간다문득전투기소리가현실에착각을불러온다전쟁이라도난것은아닌지뒤숭숭한데정원박람회한다고해놓고웬뜬금없는전투기에어쇼인지발상한번기막히다두루미가좋아할까정원이좋아할까이런단세포보다못한것들근데그들보다내가더못한것은분명하다그래서내가영화를좋아하나보다영화는두루나보다위대하니까

떠난 사람

윤계상
여학교 뒷산을 내려오다
산비탈 달동네
허문 빈 집
녹슨 대문
구절초 꽃무늬 벽지가
상기도 고운데,
햇볕 비친 브로마이드
윤계상의 눈 빛이 그윽하다

어찌 떠났을까
곱게 윤계상을 붙여두고
밤마다 신의 꿈을 꾸려던
얼굴빛 고운 소녀는
잡초가 마당을 채우는 동안
원광이 명멸하는 도심으로
무사히 건너 갔을까
윤계상을 만났을까

낡은 햇빛이 스친
소녀의 얼굴이
지금도 붉을까

2013.04.08 학교 뒷 산을 내려올 때마다, 윤계상의 브로마이드가 벽에 붙은 채로 허물어진 폐
가를 그냥 지나치지 못한다. 꼭 들러서 소녀의 얼굴을 떠올리고 내려온다. 그 시절 GOD는 신
이었는데, 그 집에서 자취를 하며 꿈을 키우던 그녀는 어디서 어떤 신을 만났을까?

2014년 9월 가을 학교 뒷산 언덕에 있던 그 집이 포크레인에 의해 무참히 거두어졌다. 이제 그
소녀는 영원히 못 만날 것 같다.

윤리학 개론

너와 만나고 세상에 너 닮은 여자는 하나도 없었다
너는 내 마음에 왜 아픔이냐
문득 떠오르는 그 짧은 순간에도
너는 나의 손톱 밑으로 들어 왔다

강의실에 은하수처럼 앉아 귀 기울이던 너는
그로부터 어찌어찌 내게 왔으나
너는 색목인(色目人)의 눈처럼
넓고 깊은 연못이 되었다

그리하여 내 길지 않은 옛날로 가려다
늘상 너를 거치지 않으면
잠시 마음 아프지 않으면
옛날의 그 어디에도 갈 수 없다
돌멩이가 된 사람

오늘도 오월
축제가 즐비한 세월
내 삶은 축제 같지 않아
생각의 관성에 홀로 아프다

너는 왜 내 마음에 기다림이냐
너와 헤어지고 세상에 모든 여자가 다 너 닮아 있었다

2012.05.29. 건축학 개론을 보고 마음이 아프다. 내게도 윤리학개론이 있다. 상징에서가 아니라 현실이 너무 비슷한 추억이 말이다. 누구나 이런 기억하나 쯤은 있으리라. 아아, 아련한 이 마음을 무슨 말로 표현할 수 있을까? 도도한 시간의 흐름에 마음 아파하는 지금 나의 이 혼란은 문학으로도 표현할 수 없어 참 싱겁다.

기노관(氣魯館)1

나는 모른다
기노관
왜 아버지는
그곳에 그 높고 고창한 집을 기노관이라 이름 했는지
아버지는 끝내 눈빛을 내게 주지 않으셨지만
입가의 미소가 말하고 있었다
지난한 살림을 이끌고
대학까지 시키신 거인의
소박한 풍모는 여전하셨다
그 집에 어머님도 분명 계셨다
몸을 손수 보이시고
부엌에선 정갈한 나물이 무쳐지고 있었다

꿈속에서
부모님은 늘 불화하셨는데
이는
너무 갑작스런 이별이 이유이리라
그러나
나는 꿈속에서 처음으로
새끼 다섯 건사하느라
고난했던 부모님께서
기노관을 거느리시고
기쁘게 살고 계심을 보았다

다행이도 그곳에
다섯 자식은 아직 아무도 없다
처음으로 행복했다

눈물이 흥건히 베갯잇을 적시었다
그리고 다짐했다
내 언젠가 꼭
기노관에 간다

2012.10.22. 초등학교 졸업도 다 못한 아버지 어머니가 기노관이라는 낯선 한자를 당호로 붙인 대궐 같은 집에서, 정갈한 한복을 입고 나란히 웃고 계시는 꿈을 꾸었다. 처음으로 꿈속에 두 분을 뵈니 신산한 삶에서 잠시 위로를 얻었다. 광양 축구경기장에서 선그라스 너머로 하릴없이 눈물이 났다. 그리운 사람들…

봄

고흔 꽃 피어서 봄
강변에 바람 불어서 봄
나는 봄
왼통 들판에 들어선 봄
몸바람 불어서 봄

아이들 봄찾아 나갔나 봄
우리곁에 아무도 없다고 봄

2012.03.24. 자다 깨서 보았더니 아이들 방이 둘 다 비어 있다. 이 아이들이 지금 어디 있나?

아들아

4G 아들에게 전화했다
감미로운 서양음악 유도음
상기도 아들은 일어나질 않았나 보다
서울은 비올까
서울 어느 처마 밑 번득이는 빗물 위로
꿈속으로 뛰어가는
아들의 발자국 소리
가슴을 디딘다
꿈속으로 뛰어갈 때
아빠처럼 인색하게 살지 마라
아빠처럼 젊은 날 굶지 마라
이젠 세상을 바꾸기 위해
포도위에 나뒹구는 최류탄 속을 헤매지 마라
삶이 무겁거든
자본주의의 꼬리에 매달려 있는
위대한
정규직
2G 아빠에게 전화해라
검정색 공짜폰
뚜뚜 찰칵

2011.09.18. 홈플러스 옆 폐업한 눈물의 매장에서 친구가 사업 정리하는 것을 보며 죽 때리다

강천산 강천사 강천문

척추가 무너져
허리에 복대를 두르고 오른다
신도들의 주일 오후
단풍보다 고은 옷을 입은 성은교회 집사들이
강천산 강천사 강천문을 들어선다
강천사 웃녘에 은행빛이
빛나는 황인종의 얼굴이라더니

나는 도무지 저 강천산
정상에 오를 자신이 없다
금강경을 몇 번이나 읽어야 오르랴
지리산에서도 내 앞을 가는
등산객은 없었다
지금 나는 허리에 손을 돌고
서서히 산을 오르는 것이다

사람들이 물에 섞이지 않으니
계곡을 흐르는 물이 보석이다
이 단풍 속
참 빨치산하기 어려운 계절
빨치산으로 살아온
쉰 너머의 세월이

이처럼 서서히 오르란다
발 벗고 모래 위를 걷듯
조심조심 살아
너도 저 단풍처럼
한번쯤 빛내고 지려면
속도를 줄이고 살라고
지금 빛나고 있다

2011.10.29 성은사 신도들이 강천산에 오르다.

가을

바람에서 하모니카 소리가 들린다
햇빛이 옅은 물을 만지다 말고 튀어 오른다
나는 51년 만에 맑은 모습으로 징검다리를 건넌다

살아왔을 뿐이다
부딪치면 튀어 오르고
누르면 버티고
그냥 그렇게
살아 왔는데
지금 이곳저곳이 부실한 몸으로
맑으려 하는 하늘
그 아래
욕망을 손으로 잡고
어정쩡 서 있는 것이다
버려야 하는가
감추어야 하는가
끝내 내 놓을 수 없다는 것만
이렇게 무거워
이렇게도 마음 저린다는 말이냐
하늘에 쨍하고 금이 갈 것 같아
조심스러운
계절

2011.09.16. 몸이 셋이라면 하나는 편하게 살 것 같다.

벼랑에선

볕 좋은 날
맑은 얼굴로 벼랑에
너는 올라 있지
그 얼굴 나는 알아
손가락사이 한 웅큼의 자신감과
억눌린 의식을 끝으로
오래전 탈출한 세상의 끄트머리
꿈도 꿈도 가만히 들여다보면
내 맘대로 되지 않는데
네 울타리에 앉아 있는 너를
내가 내려오라 할 수 없어서

내려와, 내려와서
나와 잠자리에 들어!
숨죽이며 살아왔으나
오늘이
그닥 나쁘진 않아

2011.07.18. 허무함은 손가락으로 빠져나간 모래 같다. 나와 관능의 밤을 함께 할 세상의 어떤
고민도 지금은 실체가 없다.

몸바람

봄에 불어오는 모든 바람은 너의 몸을 스치고 온다

2011.04.06. 동천에 벚꽃을 구경하러 갔다가 처녀애들의 내음새만 듣고 왔다

속미인곡

달빛 먼저 보내려니
그대 홀로 받으시게
이슬로 덫을 놓아
정성으로 빚은 달빛
노루 꼬리에 붙들려
수면으로 튀어 오르는
달빛 받고 그대 웃으시게
그 빛에 깊게 싸여
홀로 걸으시게
오감에 스미는 달빛
제격이지 않으려나
천리먼 곳 달빛으로
두둥실 떠오르면
내 마음 보이시나

그곳에 해 뜨는지
바람 맑게 불어나 오는지
그대 없는 이곳에
별도 달도 빛 하나 없는데
어찌나 지내시는지

2010.04.21. 수상한 여러 가지 일들이 벌어진다. 천안함에서 죽음을 맞이한 서른 여섯 우리 자식들을 어떻게 울어주어야 할지

백야도 코스모스

이보다 순하게 웃을 수 있느냐
어느 가슴에 내린 뿌리가
이보다 맑을 수 있느냐

바람의 길목마다
백야도 아이들의
때 저린 얼굴 피워내고

황금빛 들판도, 시린 하늘도
붉고 하얀 꽃들이
바다 내음 담아 잠자리로 떠돌면

청량한 가을을 핀 꽃들을
불러 저만치 모아
더불어 흔들리다가

모두들 떠나보낸
백야도 아낙, 몸빼바지에
모진 열정으로 피었다.
그대, 하늘도 들녘도 바다도
잠시 가슴에 안고서
한참을 흔들리고 싶은가

백야도에 서라
갯바람에 흰빛으로 자란 이끼가
마냥 흔들리며 위로하리니

이보다 환하게 웃을 수 있느냐
이보다 선하게 흔들릴 수 있느냐
있느냐

2010.03.22. 지난 가을 백야도 등대에 다녀왔다. 힛도, 이름도 생소한 횟집에서 밥을 먹고 코스모스를 많이 보고 왔다. 바람이 청량했다.

장대비

세상의 모든 핑계가 내린다
나는 아무것도 모른다
저 빗줄기와
땅을 훑는 빗물 속에서
나는 누구의 이웃일 수도 없으므로

이제부터 나는 내속으로 들어간다
바람에 흩뿌리는
작은 빗방울 쯤으로
가장 강한 커튼 속에서
방해받지 않는 낮잠
세상일 오불관언

천둥 번개 양념 섞어 흩어놓고
쏟아져라
끝내 내게 오지 않은 저 많은 것들이
가되, 속 시원히 떠나도록
오늘은 가슴을 열어
훨 훨 보여주는 날
갈증과 조바심으로
꼭꼭 눌러 담으려 해도
끝내 거부하며 일어서던
하찮은 것들
미련없이 흘려 보내라고
퍼 붓는 날

2009.07.16. 실로 오랜만에 많은 비가 온다. 우르릉 쿵쿵 음험한 하늘이 심상치 않다. 창에 기대어 한참이나 비를 바라보다가 왜 사람은 비가 오면 자신의 속으로 들어가려는지 생각했다.

꽃들 다투다 - 花鬪

단정학 한 마리가 산등성이에 기대서고
암향한 매화 천지에 서조를 만났으니
기어코 피어나라 울흔 속에 봄다운 꽃

새들도 싸리숲을 지천으로 날아가고
그윽한 난초봉우리 순정으로 터트리면
장원에 부귀하다 모란꽃이 부러우리

정의의 파수꾼은 꿈속에서 반가운데
밤이래도 달이 밝고 새나는 강산되면
국화야 네 모습은 그만으로 복 되도다

사슴의 눈망울로 붉은 단풍 드는 철에
나는야 짐승이래도 사랑타령 한보따리
빗속에 널 찾으리 닫힌 대문 열떠리고

(2003.07.21) 어머니 또 입원하시다.
도립병원 중환자실 앞에서 자식은 시조(時調)로 발칙한 상상을 하다.

봄날은 갔다

날 화창
바람 산들
중앙동 가게
길거리에 매달려
만 원짜리 옷들이 한들거린다

실로 오랜만에
인파 속을 거닐다가
덩달아 하늘거린 철지난 사내

서류에 파묻혀 지낸 몇 달
화단에 개나리 진달래 다 지고야
세상도 이처럼 화사하게 꽃피어 있었구나

엊그제 받은 수당을 떠올리며
가게를 들어서다
사업에 실패한 형의
고운 딸들이 생각났다

짐짓 가게 밖을 기웃대다
용기를 내
만 원짜리 티셔츠 하나를 사들고
바삐 맥도날드쯤을 지나가다

떠
올
랐다

(이펙트) '당신 또 만 원짜리 옷 샀지'
(숨도 안 쉬고) '철 지나고 유행 빠지고 디자인 처진 옷'
          '팔고 팔고 팔다가 해 넘긴 것들'
          '나이 든 당신이 걸치면 추해'
          '한번만 더 사면 당신 잘라버리겠어'
(이펙트) '무얼?'

오른 손에서 덜렁거리는 종이 백
지극히 나 닮아 수줍어
아직도 트렁크에 숨어 빛 못 보는
만 원짜리 티셔츠 두 장이
이제야 떠올랐다
진짜, 봄날은 갔다

2009.05.22. 내 삶의 공장, 교무실

살아 간다는 것은

학교 도서관에 들렀다

김수영의 시집과 이문열의 문집이 나란히 꽂혀있다
결코 등을 대고 있지는 않았다

김수영 시집이 조금 더 키 크다
이문열 문집이 조금 더 뚱뚱하다

박남수 고은 김용택 곽재구 박두진 도종환이
운동장에서 통통 튀는 아이들을 바라본다

김수영 시집은 빠알간색 표지이다
이문열 문집은 밤색 표지이다

오후 네 시
출장을 마칠 시간이다

백석 이용악이
눈발을 타고 신의주행 기차를 탔다.
김수영은 일찍 죽어서 선혈 빛 표지일까
이문열은 살아 있어서 다른 색이 번질까

김지하 그의 시집이
뭐라 웅얼거리며 가을볕에 퇴색하고 있다

2008.11.05. 팔마고등학교 도서관에 출장 갔다. 진짜로 빠알간 김수영 시집과 이문열 문집이
나란히 꽂혀 있었다. 참 묘한 기분이었다.

어머니가 가져가신 말

서운타

이말 내 무덤까지 가져갈 수 있을까 몰라
나는 저만큼인데
너는 왜 이만큼뿐이더냐고

나는 저긴데
너는 어찌 여기인가고

이말
어머니께서
무덤까지 가져가신
꽁꽁 덮인 많은 말들 중의 하나
그렇게 될지 몰라
조용한
소리

2008.07.09. 어인 일인지 추상의 것에 서운함을 느낀다. 나는 늙는다 늙어가는 모든 변화를 받아 들이되 인격으로 버텨보자. 아들아 고3이 얼마나 힘드냐? 대신할 수 없는 고통을 마음 아프게 느낄 뿐인 나는 어머니의 아들이며 너의 애비이다.

효자손

섦게 세상 뜨신 어머니 아버지
세상 두 쪽 나도
이제는 그 음성 들을 수 없어
딱딱해진 가슴으로도 간혹 뜨거운 것이 치밀고
낯선 그림자만 어른대도 가슴이 설레는데
고향 집은 당신들의 아직 체취가 그대로인지라

산사람이나 살아가자
내 맘이나 편케하자
당신들의 짐을 치우리라
치우리라 결단한 강퍅한 차남
오늘 기어이 짐 쌓인 창고를 뒤졌더니
어머니, 곽도 뜯지 못하고 두신 내의 한 벌은
누가 주셨더이까
사주는 자식 없어 혹여라도
손수 구하고서 아픈 맘속에 두신 것이나 아닐까

아주 부끄럽지 않았으며
자식들로 인해 당당하리라 위안하며 입으시던
손때 묻어 너덜거리는 몸뻬 바지 몇 벌
얼마나 뵈지 않으시면
사고 사 모은 싸디 싼 돋보기 안경들 틈에서
아버지 손때 묻은 지압봉이

낡은 성경책위로부터 또르르
효자손에 멈추어 섰다.
무심코 효자손을 비닐봉투 속으로 던져 넣다가

나는 얼어버렸다

삶이 지난하다 핑계하며
도망치기 바쁜 몸이
생전에 등 한번 시원히 긁어 드리지도
멍멍한 가슴 한번 두드려 드리지도
당신 곁을 살갑게 지키지도 못한 우리는
건조하게 말라가면서도
탱탱한 한마디 없이
그렇게 지켜온 효자손을
버릴 수가 없어
곰곰이 만지고 만지고 만지다
기어이 눈물 몇 방울로
알량한 효도를 마감한다

2008.03.11. 창고를 정리하다가 어머니가 혼자 쓰시던 효자손을 발견하고는 속이 상해서 며칠 가라 앉았다.

아버지의 춤

아버지 춤추어요 펄펄

눈이 펄펄 날리는 겨울 날
오촌 당숙네의 흥성한 잔칫날
아버지는 눈보다 가볍게 춤을 추고 계셨습니다
정말 단 한번도
당신의 자식 앞에서 흐트러진 모습을 뵌 적 없던 아버지는
무엇을 털어버리려는 듯 몸을 움직이고 계셨습니다

그로부터 서른 해도 더 흘러 세월이 지나갔습니다
그런데도 나는 겨울만 되면
어둔 하늘에서 눈이 떨어질 것 같은
어린 아이의 서글픈 눈망울 같은 겨울날만 되면
나는 아버지의 춤을 기억합니다

서른 너머의 세월이 흘러
내가 흐트러려야 할 것이 끝없이 많음을 알고서
나는 아버지께서 털어버리려 몸부림한
그 춤의 의미를 가늠할 수 없습니다

술 한 모금 입에 대신 적 없는 아버지는
그 겨울 불콰한 얼굴에 초탈한 모습을 하고서
무엇을 그리 털어내려 하셨을까요

2007.12.09. 맘대로 되는 일이란 애초에 없는 법 운동도 잘 안되고 대통령도 별로 내키지 않은
사람일성 싶고, 아이들 건강한 것이 유일한 내 즐거움

다아 돼 간다

뻐꾸기 울어 쌓고
멧비둘기 구구 구구 아리는 봄날
벌건 속살을 헤이며 산 등성이를 일구는 부자(父子)의 등 위로
속절없는 시간은 휘이 휘이 흘러갔다

아부지 얼만큼이나 했어요?
어, 다아 돼 간다
속살 붉은 밭떼기는 햇살아래 반짝이며 상기도 길고 먼데
아버지는 한사코 다 돼 간다 하신다

아버지 굵은 주름사이로 평생을 번뜩이는 땀방울
연한 내 손바닥에 새로 박히는 괭이자루의 이물감
해전에는 이 일을 다 끝낼 수 없을 것 같아
묻고 또 물어도 '다아, 다 돼 간다'

크레파스 없이 등교하던 둘째가 학교서 쫓겨 와
차마 딴 짓하다 텃밭에서 발견한 아버지의 순한 얼굴
일제와 육이오, 그보다 징한 질곡에
당신의 삶보다 그 무엇에 위로가 필요했을까

살이에 휘적거리다
술을 많이 마시고 일어난 아침
문득 돌아가신 아버지를 만나 묻고 싶다
아버지, 얼마나 남았어요?

2007.09.17. 태풍 나리가 물을 퍼붓고 지나갔다. 아들을 데리러 연향동에 가려는데 이곳저곳
에 물난리가 났다. 돌고 돌아서 가느라 두 시간이 넘어서야 아들을 데리고 집으로 오면서, 아버
지를 생각했다. 그리운 그리운 그리운 아버지 요즘 부쩍 아버지 어머니 꿈이 잦다. 생각해보면
내 피의 전부이신 세상에서 진짜 날 사랑하셨던,

어머니의 제삿날

어머니
1년전 오늘, 비보를 듣고 울먹임으로 시작한 하루가
지나고 나니 한해를 꿈같이 흘러 보내고 말았습니다

오늘 다시 그날을 맞이해
여즉 바람은 평온하고
잎들은 다 물들지 않았는데
쌀쌀함은 그지없음을 아시는지요

엎디라 하시면 어머니 사흘이라도 엎디어
어머니 앞에 사죄하고 용서를 빌 수 있어요
죄스러운 아들이
세상에 무슨 염치로 아이들을 가르치며 사는지
한심스러운 날

오늘이 어머니의 첫 번째 제삿날입니다
이제 우리 차례가 되었으니
내가 어머니에게 했듯이 자식이 그렇게 해도
정말 아무 말 없이
꼭 어머니처럼 인내하고, 견디고, 안들은 체, 못 본 체
그렇게 살다가
천국쯤에서 뵐게요

어머니 엎디라하면 사흘도 엎딜 수 있지만
자애로웠던 어머니
잊고 지내라 하시겠기에
이토록 오래 잊고 살아가고 있음을
아시는지요

어머니 아 엄마
뼈로 만든 내 고향

2007.11.01. 흘러 흘러 오늘 어머니의 첫 번째 제삿날이다.
어떻게 해야 어머니께 드린 그 많은 상처를 위로할 수 있을까?

국어선생

세상천지에 재미없는 선생 왈
집에 고서가 있걸랑 치워버려라
특히 삼대목이라 쓰여 있거든
그 부제에 서라벌의 노래라 쓰여 있거든
가차 없이 아궁이나 쓰레기통으로 던져라

고작해야
할아버지나 큰 아버지 뻘 되는 작자의 시나 읽고
외우던 시대의 우리가
지금은 증조할아버지의 시까지
옥상 위의 집이 되어 너희를 짓누르는데

직지를 찾으면 어찌 되겠냐
삼대목을 찾거나
고려가요가 즐비한 옛 노래책을 한권 찾아두면
난리가 나는 거다

지금도 조선시대의 소설들이
시도 때도 없이 불거져 신경 쓰이는데
암기가 출세의 지상수단이 된 마당에
잠시나마 우리 삶에 아득한 쉼이 있으려면

서정주의 탐미

안도현의 감동
곽재구의 서정
송수권의 한
박재삼의 가난

그런 것들 가로막는
주제 소재 형식 기승전결 따위가
또 하나 들어서서
아지랑이 피어오르는 책상에
턱 고이게 하는
삼대목, 직지, 고려적 노래는
사족이 아니더냐
눈물의 사족이 아니더냐

2007.06.21. 오늘부터 장마가 시작된다고 한다.

사월이라 초파일

사월이라 초파일 햇볕 좋은 날
산도토리가 시금한 열매를 맺는다기에
붉은 모자 젖혀 쓰고 산허리로 돌아서는 초입
허름한 노인이 괭이질을 하다말고,

"여보 젊은이 내 말 좀 들어주게"
"내 소싯적부터 살림을 일궈 농사지을 제
  내 땅 안 밟고 다닌 사람 없게 부농소릴 들었제"
"오늘 초파일 부처님 태어난 날, 천지에 꽃들이 만발헌디
  자식 한 놈 안 찾아 봐"
"이 늙은 것이 지 에미 잃고 석삼년이 다 되어 가는디"
"평생에 농사란 다 성공했어도 2남 3녀 자석 농사가 시원찮어"
"자석들 밑으로 논밭 다 팔아
  알뜰히 살림 내 주고 지애비는 저승이 지척인데"

이즈음에 눈물이 글썽이겠다
멧비둘기 깊게 울어 청승이 구슬픈데
생각이야 긴긴 봄날을 구만리라
들어주는 이는 문득 그림자뿐
사월이라 초파일 햇볕 좋은 날
상농사로 유명한 노인 하나가
엊그제 엄마 상 치룬 젊은이 하날 온통 적셔 놓았다

2007.05.28. 어느 선생에게서 들은 이야기를 옮기다. 5월 25일 지리산 시암재에 매산중학교
피지 않은 꽃 봉우리 다섯 송이를 묻다. 지리산이 묻는다. 왜 내 가슴에 저 어린 생명을 묻느냐
고! 그들 어머니 가슴에 파도 파도 먼지뿐인 가슴에 다섯이나 되는 생떼를 어찌 묻으려는지…

숨어 우는 바람소리

때로 폭풍으로 몰아치더라도
마냥 숨어 울어라
첫눈 쌓인 길 위로 스치는 바람처럼

세상을 잃은 듯한 절규는
말의 크기보다
미움의 크기에 주목한다

옳다 여긴 말조차
안으로 쓸어 담아
숨어 우는 바람소리처럼 고즈넉하라

푸릇한 대나무 숲을 찾아 울음을 쏟아 놓았던
어린 시절 새들의 가난을
그들과 함께 잊지 말아라

천년처럼 참고 살지 않으면
사는 백년이 부질 없으리
소리죽여 우는 냇물처럼

2007.05.01. 승질머리 따라 살다가 또 좌절한다. 좌기예 좌기예 좌기예 좌기예(挫其銳)

투명 인간

나를 넘어가는 눈빛
일없이 나를 뚫고 넘어가고 넘어가고 넘어간다
네 눈길을 붙잡기 위해
치장하고 다짐하고 연습한다손
내 뒤에 서있는 거대한 존재를
나는 결코 이길 수 없다
나는 소외다
좌절만은 참으라 배우나니
내가 네 앞에 체가 된 채로 서있는
모든 순간을
꼭 한번은 꽃처럼 피어
김춘수로 존재하고 싶음을
노욕이라면 서글픔일 뿐이련만

2007.04.18. 내가 벌써 투명해지나보다. 사람들의 눈빛은 나를 건너 딴 곳 딴 사람에게 머물곤
한다. 아직 풍화도 거치지 않았는데.

비

세상을 수없이
분할하는

그래서
아무것도
남김없이
금 그어
쪼개놓고도

세상은 원래
질퍽한 것 아니냐
묻는다

2006.07.12. 건장마, 문익환 평전을 마쳤다. 목사님도 목사님이시고 김형수도 김형수다.

중심성 장액 맥락 망막병증

희한한 일이다
한쪽 눈에 안개다
그물 같은 안개가 나를 가둔다

의사의 저음은 매력적이다
스트레습니다
난치성이니
각별히 주의하시고
정이 불편하시다면
레이저 수술이 한 방법이지만
지금은 위험한 부위라서
조금 더 경과를 지켜봅시다

세상이
안개속인데
한쪽이 희미하대도
무슨 정밀한 일하는 사람아닌데
그작저작 사는거지
그러다
어느날
환한 날 올지도 모르잖어

누구나 오는 날이
내게도
오면
얼마나 좋겠어

2006.06.12. 월드컵 내일 토고와 싸운다. 토고공화국, 아프리카의 최빈국
독재자의 아들 때문에 선수들이 배고프다는데. 약속이란 하나도 지키지 않는 압제자에게 핍박
받는 백성들을 그래도 이겨야하는 아이러니.

장마가 사람에게

1. 생각

딱!
지금부터
장마는 시작이다

당분간은
쨍한 볕의
뽀송한 얼굴을 기대하지 말라
울다 그친
어린 아이의 얼굴 정도로만
만족하라
당분간
수성(水性)의 윤기에
길들여라

몸서리치지 말라
세상에 어느 고집이
한달도 못가겠는가
외려
사람에겐
잠시만이라도
자신의 내면으로

침
잠해야 할 때가 있음을
기뻐하라

한숨하지 말라
네 안에서 세상으로 쏟아진 언어
한숨을
내 어둠에 얹어 탄식하지 말라
세상을 깎아
네 호주머니에 넣으려던
너의 음모는 중단되어야 한다

하늘,
올려다보지 말라
어느 적에
그 침묵에
흥분할 만큼의 공덕이 있었더냐

2. 생활

딱!
딱!
한 방울에서
장마는 시작되는 것이다
이제부터

바람이랑
익숙한 법을 배워야한다

일손을 멈춘
가장의
노곤한 담배연기가
나직이 깔려가는
평등한 아침을
느긋하게 쳐다 보아라

그 눈빛에
깊이 감춘 말들이
꿈틀대다
꾸물대다
끙!
돌아서
빗속으로 사라지는
조급함은
이제 내가 그친다

2006.06.20. 시작할 모양이다. 가슴팍에 땀 줄기로

목포를 지나며

교사 음악회에 참가하기 위해
목포를 지나며
대통령이 난 곳이라
수줍게 자랑하던
막내야 너를 생각한다.
그 연약하고 귀여웠던 네가
소금꽃 바닷가에 살고 있구나

어린시절
가난이 싫어
양딸이라도 가고 싶다고 울더니
지금 이렇게 상거가 먼 곳에 시집을 와서
눈물없이 살고 있느냐
소금꽃처럼 환하게 웃고 있느냐

막내야
평등한 세상을 꿈꾸다
목이 간질거리는
노동조합원이 된 복 없는 오빠가
오히려 힘센 사람들에게
휘둘리며 사는 동안
매사에 가슴 졸이며
네 곁을 스쳐가지만

언제나 너의 결 고운 마음씨
그 선한 눈망울만 아프게 담고 간다

우리 오남매
세상에서 벗어나
한결같이 가난하고
고달프고 서러워도
악의 없이 사는 것만을
자랑이라 여기며
차창에 머리를 기대는 순간
차는 잘도 달려
서리앉은 무화과 밭을 지나간다
추석 때마다 오빠를 위해
이 무화과와 네 희망을 바꾸며
가벼워진 주머니가
얼마나 허전했을거나

거푸 셋이나 딸을 낳고
한 평 땅도 없이
신념을 쫓아 사는 선한 신랑의
햇빛 비낀 어깨 그늘
그 깊어가는 눈빛을 바라보는
너 천사의 모습을
오빠는 소심하고 게으르게
지나가고 있다

한말의 쌀도 보태지 못하는
오빠에게
너 어릴 적 심부름값이라도
셈해 달라고
거짓이라도 그렇게 응석해 주면
살이가 지독해도
얼마쯤이나 벅찰터인데

행복한 꿈꾸렴
세 딸, 이쁜 공주 옷 입히고
맛난 것 배불리 먹이고
바라보는 것만으로도 그윽한
꿈이라도
그런 꿈
막내야
막내야
세상의 모든 규칙들이
속절없이 비켜가는 동안
너와 아이들
천진한 눈망울 굴리며
깊은 잠 들었다가
반가이
반가이 아침을 맞이하렴

2004.11.24. 교직원 음악회에 테너 파트로 참여하기 위해 목포 근처를 지나며 막내를 생각했다.

형틀 위에서

아무것도 아무것도 아니다
살과 **뼈**를 뚫고 형틀을 관통하는 못은
작은 쇠꼬챙이에 불과하다
들판에 흩어졌다 내 머리에 씌여진 가시는
피조물인 거친 식물의 하나에 불과하다
모욕도 쓴 물도 모두 아무것도 아무것도 아니다
진실로 슬픈 것은
지금 뭇사람들이 속죄하지 않음이 아니다
내 아래 무릎 꿇고 눈물 흘리는 너희가
나를 기념한다는 입으로 조롱하며
호의적이지 못한 말들로
저주의 눈빛을 퍼부을 것 그것도 아무것도 아니다

차라리 지금 울지 말아라
지금 내 앞에서 나를 조롱하라
내게 창을 꽂아라
내 피로 네 옷깃을 적시라
그것만이 위선의 죄 하나를 덜어내는
네 유일한 선이다
이천년이 지난 어느 때에도
여전히 빈무덤에서 나를 찾는 쯤이야
차라리 순진한 행위가 아니더냐
순종도 겸손도 측은함도 호의도 없는

더러운 네 입으로
차라리 나를 부인하라
이 언덕 풀잎 하나처럼
나직이 이는 바람에 휘파람이나 불다가
비오면 비맞고 바람불면 쓰러졌다
툭툭털고 네 지경으로 나아가라

거듭거듭 십자가에 세우는 그것을 제하고
진실로 그것은 아무것도 아무것도 아니다

2006.04.17. 내가 나에게

땅 위에 쓴 글씨
(요7:53~8:12)

돌을 던졌습니다.
사람들의 속에서
수없는 돌멩이 가운데 하날
여인의 비명 속으로 날렸을 뿐인데
속절없이 날아간 돌멩이가
그녀의 어디쯤 맞았는지
나는 도무지 몰랐습니다

웅성거림,
제가 당한 일처럼 분노한 목소리와
더러는 낄낄대는 웃음까지 ……
그러나
죄 앞에서의 웃음은
비겁한 일이라 생각되었습니다

묵직한 돌이 빠져나간
손아귀의 허전함이
연이어 분노로 차오르고
그 분노가
또 다른 돌멩이를 찾는
본능 속에서만
돌은 내게 의미가 있었습니다

어느 순간
여인의 비명도 잦아 들 즈음에
사람들의 소란을 가르고
누군가
땅바닥에 글씨를 쓰고 있었습니다
그는
차분하고
고요했습니다

그리고 글씨를 보았습니다
모두들 흘끔거리다
하나둘 자리를 뜬 사이로
아! 나는 글씨를 보았습니다

사람들은 지금도 돌을 던지곤 하지만
여전히 내 손아귀에 남은
돌 하나가 날아가지 못함은
숨도 쉬지 못하고
신열을 앓은
그날 이후입니다

그가 땅위에 쓴 글씨를 본
그날 이후입니다

2006.03.31. 옥죄는 일들이 머리칼로 시력으로 이빨로 어깨 무릎으로 전해져 중년의 3월은 조금씩 우울하다. 중심성 장액 맹락 망막병증 희한한 병이 속을 쎄인다.

딸에게

딸아
'오매 단풍 들것다'던
영랑도 죽어가고
그 죽어진 땅에,
널부러진 낙엽에
서리가 앉는구나

이 아침
바람 찬 다리 위를 지나가며
저 침탈의 단어를 외우라함은
그 먼나라의 무람한 사고구조에
어린 너를 길들게 하려함이 아니라
다만
자동차 속도의 내력 없음과
우리를 감싸고 도는 철없는 냉소로부터
절대로 자유로워지려는 노력임을

아니 어쩌면
시린 아침을 깨워
등굣길을 동무함은
머지 않은 날
너마저 세월을 따라
내 곁을 떠나고 나면

그때도 있을까
누군가 오순도순 걸어줄 사람
그런 무상함과

이 길은
세상 끝 날까지
누군가가 누군가의 손을 잡고
걸어가야 할 길이기에
굳이 채근하여
걷고 있음을
너는 아는지

딸아
이쁜 딸아
목덜미가 붉어지도록
아빠를 따라 새벽을 걷는
곱디고운 우리 딸아
지금은 스란치마와 같이 무거운
세월을 끌고 지나가지만
언젠가 시간이
다정하게 말을 걸어올 때까지
이렇게 걸어가자

2004.11.24. 딸과 함께 바삐 걷는다. 수능 마치다. 학교 평가를 앞두다. 연합고사를 앞두다. 시험을 앞두다. 반 편성을 앞두다. 헌혈하다. 어머니가 생각나다.

바람

꼿꼿하게 날선
바람 한 다발
남기고선
개똥밭을 지나는 여름
더웠습네
유독이나 더웠습네
하마면
생목숨 더불어 떠나고자

남지나에 진치고 달려드는
하얀 수증기 덩어리
얼마나 독하게 할퀴려고
저리도 웅크리며
능청을 떨어대는지

알싸한 감성이
심장주변을
퍼져 오르는 무렵
청명한 바람 한 다발
전하고서
바람에서 바람으로
떠나갈 햇빛

2004.08.27. 어머니 투석을 시작하시다. 어머니 치매가 심해지시다. 어머니 골절로 못 걸으시
다. 어머니 대소변 못 가리시다. 어머니 눈빛이 깊어지시다. 아! 어머니.

한세상

한세상 사시다
지금 깜빡거리며 다가오는 가는
시간 속
선산에 그늘 지우다
투박하게 놓인 툇마루에
서늘한 그림자 남기며
사위어 가는 소나무
어머니
지난 태풍에 반신이 잠기신 후
내 숨결이 혹
당신의 꺼져가는 생명을
흔들어 놓지나 않았는지

명주실 같은 생명줄
개똥밭 세상이라도
부디 질기시라
질기시라

2004.07.12. 일제 강점기에 외할아버지는 신혼의 가정을 두고 일본으로 가셨다. 그리고 히로시마 원폭 이후 다시는 연락이 없었다. 가난을 견디지 못한 외할머니는 돌 지난 어머니와 서너 살 아들을 두고 재가(再嫁) 하셨다. 남매는 천덕꾸러기가 되어 떠돌며 살다가 어머니는 가난한 집의 외아들에게 시집을 왔다. 군대 간 남편을 노심초사 기다리다 시집온 후 7년을 지내고야 큰아들을 얻었다. 호랑이 같은 시아버지를 모시고 2남 3녀를 키우느라 신고(辛苦)를 겪은 집안의 재산은 서마지기 논이 다였다. 하늘이 공평하지 않아, 남편이 불의의 사고로 돌아가시자 좋은 세상 구경도 못하고 쓰러지셨다.

기막힌 날의 시

(1)
몸서리나게 섧게 사시다가
풀씨처럼 흩어져 버리신 아버님
곤한 몸 쉴 곳 없어 저리도 차게 누우신 곳,
풀 베는 기계를 꺼내자
덜 자란 풀을
또 깎느냐고
잔소리하는 아내

하지만
아내는 모르리라
흐르는 땀이
불혹을 넘어선 사내의 눈물을 가려주기에 적당하며
예취기의 격렬한 떨림이
가장의 흔들림을 가장 잘 감추어준다는 사실을

(2)
내 생각과 다른 생각을 정죄하지 말라
어리석음은 비방의 대상이 아니기 때문이며
사람의 생각은 늘 바뀌기 때문이며
지혜는 내가 아는 것 그이상이기 때문이며
나는 편향되기 쉬운 약한 실존이기 때문이다

오직 사람만이 신념을 위해 이익을 포기한다
짐승은 믿음 때문에 자신을 희생하지 않는다
나는 사람이다

(3)
동료교사들과 서대회를 먹다가
그중 하나인 친구선생과 논쟁을 하였다

아침 30분, 화장실도 가고 밥도 느긋하게 먹고
식구들과 아침 대화도 하면
삶의 여유가 생길 거라며
선생인 우리가 좀 불편하더라도
0교시만은 막아야 한다는 기막힌 내주장과
30분쯤이 건강과 무슨 관계가 있느냐
아이들 일찍 일어나게 하는 것도
좋은 교육이라는 그의 기막힌 의견이
부딪혔다

나는 혼동한다
본능마저 교육해야하는 시대인지
아침잠이 부족한 사람들이
왜 교육의 대상인지
3:1의 사면초가
허접한 내 교육관이 허덕인다
예사롭지 않은 논쟁 탓에
초장에 기막히게 버무려진 서대회가

내입을 튀어나와 남해로 살아간대도
핏대를 세워야 했다

그는 생각한다
아침에 조금 일찍 일어나서
활기차게 하루를 보내게 하자는데
나쁠 게 뭐 있느냐
모처럼 목청을 세우는 그

그럼에도 친구는
0교시를 포기하고 있다
의아한 내가 왜냐고 묻자
그는 힘차게 말했다
원칙이니까!
단체니까!

신념도 실천하지 못하는 사람이 많은데
속한 단체를 위해 소신을 희생하는 그 고귀함에
거듭 고개 숙여지지만
무한 경쟁이 아이들을 죽음으로 몰아가는
이 기막힌 세상에서
우리는 잘 못 길들여진 것 아닌가
선생이 해야 할 일과
선생이 안 해야 할 일이 헛갈려서
그래서 못내 우울한 것 아닌가

(4)
16년 선생해온 버릇이 아침 여섯시, 잠을 깨웠다
시간은 내 몸을 길들여 놓았지만
끝내 내 마음을 길들이지 못한 모양이다
비싼 피자 한판만 먹고 싶다고
노래를 부르던 딸은 상기도 곤한 잠에 취해 있었다
아내는 내 부스럭거림에 벌떡 일어나 부엌으로 향했다
대책 없이 부실한 남편이 그나마 빚 덩이의 살림을 지탱하던
보충수업을 포기한 채
아침 거리를 헤맬 것이라는 사실을 모르리라
수년을 마이너스의 통장 속에 살면서도
용케 웃음 짓는 저 외꽃 같은 얼굴을 배신할 수 없어
나는 말없이 출근했다
도립병원 로타리 학교로 들어가는길
…………
유턴
…………
다시 순천대학을 지나
여수 방향으로 길을 잡고 공단을 끼어 학교에 도착했다
아직도 내시간은
8:00
아,
이 기막힌 시간
발바닥이 간지럽다
목구멍이 칼칼하다

(5)
필경 햇빛이 쏟아질 것이다
사람들은 이 기막힌 날을 보고
참 좋은 날이라 할 것이고
참 힘든 날이라 할 것이다

아버지 무덤가에 백년초가 흐드러져 있겠다
장마가 오기 전에 풀을 베어야 한다
예취기를 찾아
기름칠을 해야겠다

2004.06.07. 0교시 수업을 폐지하기 위해 단결하여 투쟁했다. 포기한 것은 맹세코 보충수업비
가 아니었다. 그리고 잠시 이긴 듯했으나, 머잖아 오히려 마이너스 1교시가 시작되었다. 우리
에게 그런 일이 있었다.

웃시장 총각 고등어 장사

살을 에이는 바람
잔뜩 웅크리고 늘어선 아짐들이
퇴근길, 어깨가 처진 내 코트 깃을 붙잡고
억지 흥정을 해대는데
웃장엔 아는 아짐들이 많기도 하다
스무해를 파전으로 지져대는 주름살 고운 아짐
텃밭에서 캐낸 고구마를 헐값에 넘기는 황전 아짐
파장 무렵 아무나 잡고 신세타령인 술꾼 구례 아짐
눈발이 처녀애들 속눈썹에 걸리고
허드레 물이 바께쓰에서 사르르 얼음 얼 때 쯤
좌판을 돋아 세우고 고등어를 팔아 제끼는
떡 벌어진 총각 두 녀석이 있는데
그 녀석들이 겉옷을 확실히 벗어 부치고
입에선 영각하는 황소처럼 허연 입김을 내 뿜으며
동핸지 남핸지, 어디서 고등어란 고등어를
다 모아 종일 썰어대면서
떠벌이는 소리가 여간 재미지다
"여그 말고 고등어 있으면 다 나와보라 그래"
"우리가 태평양 고등어 다 건져왔어"
"이 고등어 맛없다고 허면 이혼해, 책임은 내가 져"
고등어를 토막내다 말까지 반토막으로 쳐대도
지나가는 여편네들 곱게 웃고 지나가는데
기중 날씬하고 예쁜 내 각시는
그들을 아주 안 보았으면 좋겠다

2003.12.29 서정주를 생각하면 문득 그 탐미함이 그립다. 탐미함, 자신감의 심층으로 스민 심상치 않은 기운.

전봇대 아래의 스승

실실거리는 중년의 사내가
해질녘 전봇대에 기대어
편지를 읽고 있다

선생님!
"왜 그리 말을 안 들으셔요
몸 좀 돌보시라니깐요
선생님 땜에
속상해
학교 못 댕기겠어요"
라고 쓰여 있을까

아이쿠!
"학교 안다닐 이유도
가지 가지군"
선생은
큭큭 웃으실까

안선생은
스승의 날
아이들이 전해준
와이셔츠도 아니고
케익도 아니고

양말 켤레도 아닌
메모지봉투를
양손에 가득 들고서
성급하게
뜯고 있었다

꽃이 떨어지는 편지
지난해
지난해
야간자습시간에
아르바이트를 해야 한다고
학교를 나가선
아직도 돌아오지 않는
딸들을 그리며
안선생은
해질녘
전봇대 아래 숨어
길게 울고 있었다

2004.05.15. 스승의 날, 겁나게 부끄러운 날. 세상에서 가장 긴 노래는 스승의 노래.

말로 할 수 없는 것들

준엄한 시간은 도도히 흘러가는데
밝은 표정 뒤에 굳게 감추어진
그 깊고 푸른 우울을 어찌할까

이 좌시할 수 없는 외로움으로부터
결코 자유로울 수 없는 절대 고독
피할 수 없음을 나도 다 알아

표정이야 시시각각 바꿀 수 있는 것
사람들은 모두 안쓰러운 모습을 하고
세상을 잠시 내 편으로도 할 수 있지

그러나 결코 말로는 못하는 말들이 있음을
사람들은 짐짓 외면하곤 하지
그래서 스스로를 더욱 외롭게 하면서도

이 정교한 마음의 단단한 결합들을
다 보여준다면
완전주의자의 조바심쯤으로 타락하지 않을까

아니 내 속의 말들을 다 풀어내면
세상이 병들지도 몰라
그냥 나 혼자 병들고 말지

말로 할 수 없는 하중 깊은 것들이
나를 이리도 거칠게 끌고 다니는데
내가 다 이겨낼 수나 있을지

말로 할 수 없는 더 깊은 말을 이해하고
말없이 바라보며 아파하는 사람
내가 사는 세상엔 없을지도 몰라

2004.03.05. 겉으로 드러난 말보다 내면에 머문 말들이 뚜렷한 것은 비극에 가깝다. 누구에게
도 말할 수 없는 것, 박애주의자의 노파심 같은 것.

9층에서 바라본 눈발

천사의 날개도
위에서 아래로 오는 것
제 몸 부릴 중력은 있게 마련인데
사람이 사는 구층 무렵으로 치솟아 부닥치며
치오르는 눈발을 보면
필시
사람들은 이곳
바람의 길마저 바꾸어 버린 것이다
지금 내 창문에 부딪지 못하고
서성대는 저 눈발은
조심스러운 손님일 뿐
더 이상의 낭만이 어디냐고 할 때
노함 없이 살고자 한들
한번쯤 허리를 꼿꼿이 세우고
성질을 부리고 싶다

그러나
의식을 제어하고
굳이 내려다 보아야 하는 이유는
우리가 그리도 높아져 있기 때문이다
땅에 발붙이지 못할 이유가 무어냐
이처럼 우리를 구천에 떠돌게 하는 것은
결국 너희의 욕심일 뿐이라고

대항하는 것 같아
잠시 멈칫하는 순간
윤무하는 눈발 몇이
창에 부딪히며
반짝인다

2004.01.26. 903호에 살다. 이곳에 점차 로맨티스트가 사라지는 것은 눈이 드문 까닭일 것이다.

눈

유년의 하늘에는 늘 눈이 오고 있다
세상을 뒤덮고도 눈은 우리의 의식을 덮지 못해
하늘을 전전하다 떨어진다

추억 속에서
누군가 내 이름을 부른다
목소리는 낮고 다정하다
내 집은 눈에 덮여 한없이 낮고
방안은 훈훈하며
시간은 더디게 흘러간다
작동하는 법칙의 모든 결말은 균등하여
아무도 눈 덮인 길을 찾아낼 수 없다

이제 관념의 표피에는 눈이 내리지 않는다
강물에 곤두박질하며 사라지는 눈은
온통 가슴속으로만 내리고 있기 때문이다

오라, 그대여
진리보다 중요한 것은 앎이 아니라
서로에게 순치된 눈빛이며
온 세상을 그 눈빛으로 바꾸어도
결코 후회함 없을
다정한 몸짓이리니

오라, 한없이 오라
돌아서는 모진 이의 갈 길을
눈부시게 막아서도록

2004.01.13. 꿈처럼 눈이 온다. 봉화산 기슭에 쌓인 눈이 예쁘다
아파트 창문을 향해 달려드는 눈이 아릿하게 저려옴은 이제 저 눈에 담긴 꿈을 어디에도 풀어
낼 수 없음에서 일 것

노래하며 걷는 법

낮게 시작할 것
시작부터 사람들의
관심을 끌지 말 것
더러 시선이 따라와도
절대로 관심두지 말 것
길가에 쉬게 되더라도
노래를 중단하지 말 것
기분을 최대한 고양시키되
틀려도 멈추지 말 것
사위를 경계하며
사람들과 부딪치지 말 것
몸짓은 지양하더라도
표정쯤은 사양하지 말 것
특정인과 눈이 마주쳐도
좌절하지 말 것
지금 지상에서 최고의 기분은
오직 그대뿐임을 알 것
누구도 당신의 노래를
방해하지 않도록 할 것
노래의 가사를 최대한 음미하며
마음을 한껏 부풀릴 것
곡조를 몰라서 얼버무려도
기교라 생각하고 당당할 것

특히 좋은 부분만 반복해도
언제나 새롭게 할 것
발자국 한걸음쯤 건너뛰며
박자를 맞출 것
가수를 가리지 말 것
장르에 구애되지 말 것
날씨나 계절에 민감할 것
그 외에 어떤 것도 고려하지 말 것

2003.12.18. 아버지께서 마당을 오가며 콧소리로 흥얼거리시던 곡조가 떠오른다. 항구 알아들을 수는 없었지만 참 좋으신 모습이었다. 성성한 백발로도 노래하며 걷고 싶은데 내가 길가에서 노래할 정년은 몇 살일까. 한사코 말리는 딸아이의 강짜는 영원했으면 좋겠다.

지구 한 바퀴

오른쪽에 당신이 있습니다
상냥한 당신을
만나기 위해
습관처럼 고개를 돌리면
언제나 당신은 그 곳에
밝은 명도로 앉아 있습니다
그러나
혼란이 가득하여
왼쪽으로 당신을 찾으면
그렇게도 예쁜 당신이
지구의 한 바퀴나 떨어져 있습니다
궤적이 미끌어지면
이대로 우리는
영영 만나지 못할 수도 있습니다

지구 한 바퀴를 도는 동안
당신의 자세가 어떠하든
당신의 오른쪽에 섰을 때
그 간의 풍경이
낯설고 어색해도
당신 근처에서 일없이 서성이며
조바심으로 눈 한번 흘기고 나면
그림자 길게 늘인 채,

그리움과 바꾼 영혼이 있었음을
결코 부끄러워하지 않으며
노닥노닥 살다 가겠습니다

2003.11.28. 아들이 12시까지 공부한다. 미처 잠들지 못한 여린 심성을 걱정하며 소파에서 열한 살의 딸과 대화를 시도했다. 도무지 말이 통하질 않는다.

섬진강

몸에 살집하나 없이 여윈 채
휘적이며 흐르는 저 가난한 강
모래톱과 엉켜 살아온 살가운 풀들이
다정하게 감싸고 도는 강물을 바라보면
여울을 빠져나온 물들이 흐르다 멈추고선
뭐라고 화답하며 싱긋 웃곤 하는데
그들의 말을 알아들을 수 없어
나는 참말로 답답했다

2003.11. 섬진강에 서니 물빛이 이처럼 솔직하며 겸손하다. 사람들은 그들의 언어를 궁금해하
면서 닮아 갈 것이다.

마흔 즈음에

추억컨대
서른 즈음엔 몰랐어라
내 청춘이 흘러만 가고 있음을
내 튼튼한 젊음이
이 몸을 흔들림 없이 지탱하고
조금 창백할지라도
세수한번으로
새얼굴이 될 수 있으리라

원컨대
가물거리는 시야와
간혹 숨차오는 근육과
둔하기만 한 순발력으로
내 젊네 하기엔
염치없는 일임을 알게 된
초겨울 쓸쓸한 아침
내 삶의 힘이 사랑이길

2003.10.28. '서른 즈음에'라는 노래의 가사는 엄살에 가깝다

강하고 자유로운 영혼

어려운 시절이었습니다
한 잔의 술로 얼굴이 붉어지신 아버지는
당숙네 잔치마당에서
춤을 추시되 한스럽게 추셨습니다
어머니는 머릴 동여 사흘이 흘러갔고
우리는 익숙치 못한 분위기를 견디고 있었습니다
육탈을 시작한 할아버지는 말씀하셨습니다
"피죽을 먹어도 사람이 자존심을 버릴 수는 없는 법이니라"

근동에 논을 사들이는 부자가 있었더랍니다
자기 논에 둘러 싸인 우리 논에 눈독을 들이고
시세보다는 큰 돈을 제의했더랍니다
아버지는 멀리 가난을 떠나 도회의 꿈을 꾸었지만
선대의 유업을 강조한 할아버지는 의연했습니다
그 봄내 우리는 크레파스가 없었고
학교 수도꼭지로 허기를 채울 때도
할아버지의 목소리는 허연 수염을 날리는 늙은 사자의 포효였습니다
"사흘을 굶어도 정신만 말짱하더라"

강할수록 쉽게 무너지며
자유로울수록 독하게 얽히는 힘센 역설 속에서
마흔을 넘기고야
사람에겐 강하고 자유로운 영혼이 있어야 함을 깨달았습니다

팍스로마의 폭군을 피해 마구간 구유에 누웠던
사람의 아들이 있었습니다
비둘기 날으는 성전을 뒤집던 권위와
지긋이 찌푸린 총독의 손을 씻게하는 강함
곤한 자를 위해 안식일에도 거침이 없던 긍휼과
땅위에 쓴 글씨로 탕녀를 보호하던 자유로움

세상엔 좋은 것들이 참으로 많지요
맛나고 기름진 것들 부드럽고 사근한 것들
여유롭고 향기로운 것들 빛나며 포근한 것들
참으로 강한 자에게만 필요가 닿은 것들
쓰리고 아린 존재를 바라보며
비우고도 잘 사는 사람들이 꽉 찬 세상이
우리 할아버지가 2천년 전에 꿈꾸던 세상이지요
"열병이 창궐하던 그때도 봄은 왔더란다"

2003.11.08. 심장마비가 우려되는 가을의 끝, 봄이 가을에게 묻는다.
"날 좀 봐봐요" 가을이 답한다. "내 가을이 너무 깊은가 봐"

빈집 2

동안아
원추리 뿌리를 캐서 화단에 옮겨놓고
빨간 손을 호호불던 보고자운 내 친구야

어쩌자고
이 계절에
저리 투명한 햇빛과
아들을 동무하고
네 집을 찾아와
이름뿐인 너를 부르고 서 있는지

남의 집 감나무도 무시로 오르더니
네 집 감나무엔
웬 까치밥이 이리도 많으냐

동안아
설화처럼
허물어진 부엌으로
분주하던 노친이
겨우살이를 이리도 단단히 해두고
어찌 떠났을지

눈이 머루알 같은 세 살배기 아들이
세월의 자욱한 마당을
호기 있게 바라보다
흉내를 내나보다
덩아나, 덩아나

2003.10.27. 어린 시절 친구 동안이는 언제까지 내 마음에 살아 있을까

빈집 1

밤새워 사립을 흔들던 바람이
무엇을 남겨두었을까
방문을 열치는 그 설렘은 끝났어도
눈은 밤마다 날리고 있었나보다
처마로 늘어지는 고드름을 따내는 손길이 없어
처억척 나 뒹귀는 뒤꼍 돌담으로
서른 너머 흘러간 세월

동안아
내 친구야
때 절은 게옷 한 벌로 삼동 내 고샅을 누비며
그처럼 환하게 웃어쌓더니
지붕 위 말라진 잡초 속에서
어떻게 너를 찾으라 하느냐
바람이 이리도 차가운데

동안아
대숲을 거친 석양빛이 엷게 번져
방안 가득 꽃무늬 벽지가 상기도 고운데
속표지로 뒹구는 낡은 교과서 한 권
꿈이라 한들
어느 혼곤한 날에 네가 왔다가
그리도 황망히 돌아가야 했느냐

동안아
네가 떠난 그 겨울로 왔다
군불로 덥혀진 방안에 정답게 누워
집토끼처럼 웅크리고 잠이 들던
아랫방에 켜켜이 먼지가 쌓인 후
이곳에 다시 올 수가 없었다
햇살이 기울어진 마당가
깨진 기와 사이로 내민 풀 속에
둔하게 빛나는 푸른 구슬하나

동 안 아

2003.10.25. 무은리(霧隱里)에 사는 친구 동안이는 지금 …

수해보고

천하에 모진 놈의 자식들이길래
이다지도 떼지어 횡포한다더냐
동구서부터 샅샅이 훑어 댕기며
숨 쉴 틈도 없이 동댕이를 쳐대고
한줌 햇살에 부대끼며 한길 가는 처지에
어찌 동네 담벼락을 내쳐 박살을 낸다더냐
담쟁이의 연약한 손 끄트머리를 저리도
좍좍 찢어대니 장광이 전쟁판이 되었지

저 좋을 땐 보드랍고 청량해서
며느릴 삼아도 되겠다 했더니
오늘 보니 표독하기가
석삼 일 굶은 독수리 아니더냐
덕구네이더냐 선돌이네더냐
그 누구 하나 손 볼 사람이 있기로
고랑치고 나락 묶어놓고
산 논배미 오를 시간도 없는 이들을
저렇게 볶아대면 저는 좋을라더냐
오호라 지난봄 왔다간 그 집 자손이 아닌 게여

2003.09.15. 이른 추석이 지난 날 매미라는 이름의 태풍이 우리 집 담장을 헐고 들어왔다. 욕 먹어도 싸다.

행복한 산행 3
(새벽山行)

간밤에
철이 지난 바다, 개펄을 스쳐
여명의 산에 닿은
저기 저기압이 아무리 매서워도
여린 꽃대하나 숨죽인 신 새벽
그 숨은 향기를 누를 수는 없는 법
천하에 바람 한 점 없어도
오르고 오르며
차츰 솟는
향기

부족한 그 무엇이 있어
이 어둠을 헤치느냐고 묻지만
이성도 논리도 무덤 위를 지날 뿐
진공의 침묵이 우리를 갈라놓아도
끝내 지치지 않는
질긴 욕망의 끝을 알지 못해
산마루에 서 바라보는
눈길의 끝으로
저기 선연히 뜨는
해

2003.10.02. 축축했던 지난 여름을 보상하려는 듯, 하냥 푸르고 푸른 하늘
아는가, 불가능할지라도 이 하늘 함께 나누고픈 사람들 있어 행복함을
아는가, 아름다운 희망이란 실현 불가능이란 명제를 함유해야 함을
아는가, 한사코 우리가 쫓는 것들이 종말의 전주곡임을
아는가, 세월이란 그가 품은 독성만큼 아름다운 것이란 걸

행복한 산행 2
(夜間山行)

하바나로 향하는 바르부도들의
단련된 근육이
낯선 산을 오른다.
별 하나 머리에 두르고
불가능한 꿈의 세상을 위해

우리가 입성할 땅이
저 불빛 찬란한 도심이란대도
나는 버릇으로
그 불 빛 등에 지고
한 발 한 발 멀어질 뿐이라

도심에서 점멸하는 먼 불 빛과
천년의 저쪽부터 흐르는 강이
길게 뻗은 노을의 궤적과
산 너울로 어우러질 때
내 발걸음 아날로그

멀리 운동장에서
자지러드는 아이들의 함성과
강을 거슬러 오르는 물고기들 노래 소리가
일손을 놓아버린 공사 현장을 돌아올라

기중 예민한 내 감각에 닿았을 때

아! 나는 살아 있다.
수줍게 내민 인동초 싹만큼
신선한 솔잎을 스치는 바람만큼
숨죽여 바스락거리는 풀잎만큼
찬 바위위에 흩뿌리는 흰 눈만큼

그러나 이 산자락 어디에
내 묻어둔 한 때의 꿈이 있었던가
불가능의 꿈으로
산을 오르던 설렘이 언제던가
내려갈 용기는 또 어디 있었던가

2003.09.25. 너무나 뜻밖, 강** 장로님 소천당하시다.

행복한 산행 1
(雨中山行)

등위로 타닥거리는 빗소리
솟는 땀과 누르는 비의 힘
흐를 것은 기어이 흐르고야 마는 것
장마철 산행

열없는 가장의 목소리가
간단없는 낙수소리로 울리며
따라오다 머무는 곳,
산등성이에 서서도
내 귀는 아래로만 열려있어
세상에선 세상의 소리

늪지를 지나는 도망자처럼
추적거리며 발걸음을 옮긴다 해도
하나도
하나도 두렵지 않은
나만의
산행
억누르는 그 무엇이
이처럼 강하고 아름다울까
오를수록 밑바닥.
끝없이 내지르는 발걸음과

흐르는 물방울의 은유가
못내 행복한
행복한
산행

날선 샛대잎으로 듣는 빗방울 소리
저토록 민감한 풀벌레의 소리
상수리 잎 아래서 꼬리를 흔드는 지렁이 소리
빗속을 승천하며 교미하는 섶벌의 날개소리
자귀나무 아래서 돌배나무 사이로 지나는
꽃뱀의 비늘 끄집는 소리
소리를 관성으로 끄는
나홀로
산행

움터에서 돌아오는 불빛을
롯처럼 돌아 돌아 돌아보면
나는 이리 자꾸만 작아지는데
봉화산 꼭대기
해발 355m

오르기보다
내려가기가 더욱 힘겨운 즈음
햇볕을 기다리다 지친
아내의 눈빛이 메마른
석양녘

현관으로
떨어지는 물방울 소리
프, 롤, 레, 타, 리, 아, 트,
덩치 큰 막내
행주로 등장하다

2003.07.14. 오랜만에 화창하지만 온전한 탈출은 이루어지지 않았다.

혼자 서있는 사진을 보며

덜 떨어진 모습
신세를 몹시 지고 사는 사람처럼
꺼벙하고 유독 불쌍한

무성한 한 때도 없이
솔직하게 처진 어깨
원망할 그 무엇도 없는

세월에 번지지 않을 자가 누구던가
씩씩할 이유가 없기로
고독조차 강요된

저리도 짠한 모습.
세상이 비껴간 그늘로
드리워진 우울

우리도 그림자가 되면
저처럼 가벼울테니
원컨대 숨결부터 가벼웠으면
누군가 살며시
어깨를 감싸 안는다 해도
변함없는, 변함없을…

2003.07.11. 장년의 장마철, 노처녀의 향수가 감수성을 자극하는 오후의 교무실에서 송창식의
음악을 들으며

어머니

늙음으로
서러움으로
더욱 혼곤할 터인데
자식들
제 삶이 중하므로
병실에서조차
혼자이신 어머니

사람의 미움
그 악함으로
눈물 싣고 다가섰다가도
미움으로 돌아서버리는
나는 자식

평생이 용서였으니
살들도 뼈들도
당신으로부터 왔으나
끝내 사람 되지 못할
못난 자식을
또 용서하세요

눈앞이 문밖인데
어찌할까요

삶이 석양을 알고 나서
과거가 되어가는 화석
독하게도 마음먹고
당신을 화석으로
만들어내는 공모를

세월이 흐르겠지요
내가 어머니만큼
늙어지고 나면
그때
얼마나
흘리려는지
눈물

중앙병원 608호
상처들이 모여
한(恨)으로
소란한 병실
기억이나
하실런지
야위어가는
꿈을

2003.05.27. 화요일 5교시 교무실. 바람은 시원하지만, 어머니 두 번째 바람 맞으시다.

후회

젊음의 뒤안길을 돌아오면
누나는 국화꽃이 된다는데
돌아보면, 서럽고도 부끄러워
나, 허연 박꽃이나 될는지

지울 수만 있다면
눈물로나 한숨으로나 후회로나
지금 어떤 몸짓도
지난날 섭리할 수조차 없는

바라건대 어두움이여
나로부터 날개를 펴고
훨훨 자유로울 수만 있다면
문득이라도 잊을 수만 있다면

젊음이라 이름하고
아름아름 돌아서서
돋아날 새살 보듬고
살아 갈텐데

2002.10.09. 시간이 더디 가는 한글날, 교실에서 자율학습 지도 중

사는 꿈

꿈도 꿈같지 않은데
사는 것을 꿈이라

그래도
내 지난 시간마다
꿈이라 해도 좋으련

꿈이 꿈같지 않듯
삶 또한 삶답지 않은 것

2002.06.10. 월드컵 한미전1:1

코스모스

어린 시절
동구 밖에서부터 마을을 휘감고
내 통학 십 리 길을 따라 끝없던
코스모스를 보면
정신이 아득하곤 했는데

우리 누나
보채는 나를 이끌고
어느덧 코스모스에 닿으면
눈물이 채 마르기도 전에
해사하게 웃곤 했는데

운동회 날
왁자한 사람들 사이로
붉고 흰 코스모스도
흥에 겨워
응원군이 되었는데
지금
가을이 깊어
코스모스가 지천

2001. 가을 3학년의 마무리

눈의 강

강물에서만 아니라 하늘에서도 눈은 녹습니다.
쏟아지는 눈발을 얼굴에 맞고 서있노라면
거기엔 짙푸른 하늘, 우리를 빨아들이려는 듯 하늘이 있습니다.

1980년 강원도 양구, 스무살의 하늘에선 그렇게 일없이 눈이 왔었지요.
자고나면 눈, 쓸고 나면 눈, 돌아보면 눈, 하늘을 봐도, 땅을 봐도, 북
을, 남을 봐도 3월이 와도 가도 초병의 싸리비가 초라할 만큼 그렇게
눈은 하염없었는데
지금 우리는 눈도 없는 곳에 모여 살고 있습니다.

눈 속에, 고향과 내 살던 도심과 연인과 동무들을 떠올리면
그 아린 추억은 지금도 가슴속 상처처럼 지끈거리는데
누군가 문득 '눈도 없는 이곳에 왜 사느냐'고 물었습니다.

하늘에서 땅으로 내리는 그 무엇은 죄다 축복이라 할진대
지금 하늘은 너무 메말라 멀뚱거리기까지 합니다.
문득 '하늘이 왜 이리 진공일까' 궁금해졌습니다.

눈은 모은 두 손을 타고 내립니다.
바람도 추위도 우리가 헤쳐 강으로 가면
눈은 강둑과 물의 구별도 없고 물과 모래의 구별도 없습니다.

오래 전부터 눈은 거기서 강처럼 내려오고 있었습니다.
눈이 강물처럼 내려옵니다. 눈의 강입니다.
쉬임없이 지천으로, 쉬임없이 지천으로

2000.12. 어느 날 꿈에 '눈의 강'이라는 다소 생소한 단어를 대했다. 그리고 이내 이 단어의 쓰
일 곳을 찾았다.

새해는 환합니다

바람을 따라 나서려면
옷깃을 여며야 한다던데
하루가 가도
한 달이 가도
한 해, 아니 천 년이 가도……
눈자위에 눈물 마르기 전에
또 팔 할의 바람
그 허무에 젖어들고

우리 이제 소망에 눈뜰 때,
오직 선을 행함과
서로 나눠주기를 잊지 말라
부탁하므로
그래서 별 중의 저 태양은
나누기도 딱 좋게 둥글어서
쪼개어도 쪼개어도
부수어도 부수어도
또 떠오고, 또 떠오고

부서질수록 더 아름답고
나눌수록 더 견고하게
해수병처럼 이천년을
지탱하다가

오늘 다시 터져오는 이 기쁨은
부서져서 채워지는 진리
꺼져서 타오르는 소망

박토에서 키운 꽃들이
덩실, 봉긋
세상을 채우듯
지금 가만히 솟아나는 태양은
누이의 머릿결보다 검다던
칠흑의 바다
그 어둠을 헤집고 오르며
바다, 속살까지 비출 듯
지금 새해는 환합니다

1999년 겨울 (히13:16을 읽고)

매산등 설화

대학을 나와 시집을 가고
예쁜 아들 하나 낳고
두해 너머는 깨알처럼 살았더라

사내는 차츰 눈빛이 멀어지고
말 수도 줄어 냉차지더니
덜렁 짐을 싸주더라

몇 해만 떨어져 살자고 해놓고선
통 아니 오데
근 십년이 되어 가는데

어느 날 잠결에 이부자릴 더듬다
빈 손길 바깥바람 쏘인 후론
눈빛이 변해 버린 거여

터가 세다는 남학교 근처를
서성거리다가
남편 닮은 선생 하날 보아 두었지
그 출근 길에 차를 붙들어 세우고
수줍게 말이나 한번 부쳐 본다는 게
―사람들 다 어디 갔어요?―

1998.06.20. 학교 앞에 넋을 내려 놓은 여자 한 분이 늘 서 있었다. 그가 말을 걸어 왔다. '사람들 다 어디 갔어요?' 느닷없는 질문은 남자선생 가슴에 둥지를 틀고 실존의 문제에 착념하게 하였는데, 정말 다들 어디 갔을까, 사람들.

꿈

전설이 사라진 마을
동구에서부터
낮게 날아갔다

그녀의 머리위로
뚜렷한 이마와 가르마
서늘한 하늘

몇 번이나 이러다
내가
한번은 날지…

1998.03.17. 그런 꿈을 꾸다

오동도(梧桐島)에서 본 은하(銀河)

오래 전부터 나는 예감하고 있었다
눈이 오려면 하늘 한구석쯤 뚜욱 떨어져 지천 없이 내리고
구름떼 모여들어 비되면 바람 섞어 쏟아지고
내몸 덮힐 추억이라면 석회암 방파제쯤 열길나마 뛰어넘고
그 추억에 상기된 나는 코트 없이 둑 위를 걸어가고

퇴색한 하늘빛 함지박 속으로 파고드는
해삼이랑 멍게의 바다 그리움일랑
할매의 넉살로도 삼킬 수 없어 소주 섞어 들이켜고
뭍 가시내랑 바다 머스매들 욕정으로 잦아 들 때
나는 사랑도 사랑도 몸서리나게 그리웠을까
'나 할매되고 너 사잣밥 다 먹걸랑 저 유람선 한번이나 태워줄래'
눈 흘겨 돌아선 저 가시내의 교태는
차라리 고문보다 힘겨워서
하늘에선 소품처럼 눈 몇 방울 떨궈주고
저 서정주의 동백꽃은 핏방울로 스러지던가
바람불어도 바람불어도
시누대 일렁일 뿐 시누대보다 말라버린 몸
해풍조차 비켜가면
날속인 세상은 야속타 야속하다

1995.10. 진공처럼, 그런 기적처럼 아주 잠시 고요하다. 고개들어 앞을 보았을까, 그가 내 앞에서 주었을까. 대학시절 조명이 낮은 한국형 강의실에서도 박꽃보다 하얗다던 은하. 즐비한 횟집어구에 포주처럼 기대서서 손님을 부르다가
나를 보고 눈을 떨구다. 황급히 눈을 떨구다.

비 오는 날

석양 녘 빗소리에
우리의 감성은 생리를 닮아
꾸역꾸역 밀려나와
옷깃을 열고

바람처럼 나를 키워 준
석산고에 다녀와서
이제는
불가능한 것이 있음을 알았다

추억 따라 학교 길을 돌아 나오며
한결같이 젖어 있는
도시의 자궁으로
나는 들어가고 싶었다

창가로 다가 앉아 거리를 보면
하늘로 치솟은 모든 것들이
번뜩이며 땅위에
길게 누웠구나
오래 웅크렸던
옹이진 사나이의 마음이
오늘은 소리 지를 거야
대로변에서

1995.06.05. 거리에 나와 추억처럼 잠시 욕정에 잠겼다. 거리에는 비가 척척하게 내려 건물 불빛들이 반사하고, 젊음은 빨리도 흘러 다신 안 온다.

한시 漢詩

過松下 – 과송하: 소나무 아래를 지나다

過松下問睡老翁
雲深探父何處去
言師已不在此山
依杖擧鬚向空虛

소나무 아래를 지나다 졸고 있는 노인에 물었다
구름 깊은 곳에서 약초캐던 분은 어디 가셨는가
스승님은 이미 이 산에 계시지 않는다 하고
지팡이와 수염을 들어 허공을 바라 보았다

(세월이 흘러 변하지 않은 것은 없다. 흉내를 내다)

覺夢 - 각몽: 꿈에서 깨어

覺夢起寢望孤星
半月照身從伴愁
讀書兒孩何處在
吹聲作亂凋葉舞

잠깨어 일어나 별 하나를 바라보니
반달이 나를 비추며 근심 따라 좇아오네
책 읽던 아이들은 어디에 가 있는가
바람소리 어지러워 시든 잎 춤추는데

(한 밤 중에 잠을 깨 거실에 나왔다. 아이들이 자라 객지로 떠나 버린 집은 비어 있다. 달이 밝고 고요했다)

今日 – 금일: 오늘

鳥飛裡影搖疏枝
魚躍靑江頃波漫
日沒然後覺晝短
旅路欲持多病恨

새날아 산 그림자 성근 가지 흔들고
물고기 뛰는 강에 파도가 어지럽다
해가 지고 나야 낮이 짧음을 깨닫는데
살아가고 있어도 병이 많아 슬프다

(生老, 死와는 달리 病은 늘 당황스럽다)

歎世 – 탄세

斜陽然後懷散霞
遺失康健省怠病
薪露黎明朝虛絕
鳥飛魚泳若雲影

해 저물고 노을이 쓸쓸히 흩어지는데
건강을 잃고야 게으름을 깨닫는다
여명에 풀섶 이슬 아침되자 사라지고
나는 새 뛰는 물고기 세상의 이치라

(魚躍 燕飛의 세상이 다 그러하다고 위로하다)

世安圖 – 세안도

人不顧歲寒之孤
欲老果寫松柏姿
猶過有錦衣柔朋
世安圖此題懼我

사람들은 세한의 외로움을 모르고
선생처럼 소나무를 그리려합니다
그러나 우리는 가진 것이 너무 많아
평안한 세안도가 두려울 뿐입니다

(세한도를 읽고 나서 내 삶이 세안도였음을 알게 되었다)

輪世 - 윤세

露逢薰風滿開花
輝光至影結果造
實接雨雪成根基
月照影本花草露

이슬이 바람을 만나서 꽃을 피우고
꽃잎에 해 비치면 열매를 맺는다
열매에 눈비 맞아 뿌리를 내리고
뿌리에 달 비치면 이슬이 돋는다

(세상은 근본이 열매가 되고 열매가 다시 근본이 된다)

思貧親 – 사빈친: 어버이를 생각하니

思貧親哀憐生涯
耕田家勞與農牛
勤而愼破衣飢腹
潤康身此惠因誰

어버이 생각하니 평생이 가엾어라
밭 갈고 논 갈아 소처럼 일하시며
근면하고 조심하나 헐벗고 배 고팠네
살찌고 건강한 몸 누구의 은혜런가

(죄스러움을 잊고 사는 것은 무상함이 아니라 부모의 소망이라 생각하니 이것도 은혜이다)

耆老 – 기로

耆老故宅覺其意
人不許道於此生
忌狹路衰欲及老
只依奇銘居不爭

기로관은 어버이 집, 이제야 그 뜻을 알았다
이승에서 사람들은 한 번도 길을 비켜주지 않았다
아무도 가려 하지 않는 길, 욕망이 시들자 늙음이 찾아왔다
다만 낯선 이름에 의지하여 다툼없이 살고자 한다

(생각하면 슬픔뿐이어서 잊고 살자. 늘 다짐하지만 한 순간도 잊히지 않는 아버지 어머니. 감자를 넣고 조린 갈치찌개 냄새에 어쩌자고 엄마가 떠오르나)

失朋友 – 벗을 잃고

失朋友爲守自存
忽然窮求何志向
不知焉無驗獨居
何拜人留在此生

자존심을 지키려다 벗들을 잃어버리고
문득 무엇을 지향해야 하는지 궁금하다
혼자는 안 살아봐서 나는 잘 모르겠다
몇 명에게 구부려야 세상이 살아질까

(어떤 이유에서든 사람은 홀로이다)

棄 – 기: 버리다

爭塵而作離世俗
何謂望與諸君了
然爲福永別居汝
爲獨處抱誤不矯

세상과 다투려다 정의로운 세상과 작별했다
그대들과 어찌 희망을 더불어 말할 수 있을까
그대들과 나는 영원한 남으로써 복되다
나의 절박한 오류와 더불어 홀로 살 것이다

(김훈의 '칼의 노래'를 읽었다. 2018년 여름 나는 정의롭다 하는 자들의 세계와 작별했다 그대
들과 희망을 나눌 수 있는 믿음이 나는 없다. 그대들과 나는 영원한 남으로써 복되다. 나 자신
의 절박한 오류들과 더불어 혼자서 살 것이다. 사무치도록 오래 가슴에 묻어 두었던 교직 단체
와 이별하였다)

留順天 – 유순천: 순천에 머물며

登梅山顧春
群花爲順天
馬碑鸞鳳間
和光流東川

매산에 올라서 봄날을 돌아보니
꽃들은 무리져 하늘뜻 순응하고
팔마비와 박난봉 우뚝한 사이에
따뜻한 빛들이 동천을 흘러간다

(동천과 박난봉 사이에 서른 너머의 세월이 흘러간다)

破閑 – 파한

瘦水授受垂　(수수수수수)
柳猶裕柔儒　(유유유유유)
咎軀久具柩　(구구구구구)
豈己期奇其　(기기기기기)

물은 수척해도 주고 받아 유구한데
버드나무는 오히려 선비보다 너그럽다
허물 많은 몸은 관을 준비하고 있는데
어찌 우리는 기이한 것만 기대하는가

(양삿갓이 지시봉을 들고 매산등을 주유하다)

昨夢 – 작몽: 지난 꿈

夢中足爪觸綿絲
覺中聽檐落水聲
欲希破顔悲號哭
作夢不歸逢古情

무명 이불 발치에 걸리는 지금이 꿈인가
낙숫물 손바닥에 드는 이곳이 현실인가
훨훨 날고 싶었다 크게 웃고 울고 싶었다
다시 갈 수 없어 볼 수 없어서 꿈을 꾼다

(돌아갈 수 없는 시간, 장소, 그리고 문득 깨달은 불가능)

月舞 – 월무: 달에서 춤추다

月球上跳舞
畢所信念從
後塗抹靑雲
謂今是春夢

달에서 춤추다
믿음을 따라 살다가
젊은 꿈이 사라지면
현실은 낭만가의 꿈

(지금 살고 있는 것은 젊은 시절의 꿈과 어떤 함수인가)

某季 – 모계: 어느 계절

不似春是矣
落花無歸處
凋葉未染紅
疎雪飛塵虛

봄 같지 않음이 옳다
꽃이 져 갈 곳이 없다
시든 잎 붉지 못하고
눈 없이 먼지 나는데

(수상한 세상은 타락한 사람들의 침묵이 만든 작품이다)

益於世 - 익어세

何義益於世
若續蘇盛兼
至當今要省
忍辱持信念

세상에 이롭다는 것은 무엇인가
소생하고 번성함을 계속하려면
마땅히 지금을 돌아보아야 하기에
욕됨을 참고 신념을 가져야하리

(코로나를 생각하면 홍익인간-세상을 이롭게-이 무색하다)

마태 복음 – 瑪太 福音

自是耶蘇敎門徒
己必往耶路撒冷
多受苦難於諸長
殺後之三日復活

이때로부터 예수 그리스도께서 자기가 예루살렘에 올라
가 장로들과 대제사장들과 서기관들에게 많은 고난을 받
고 죽임을 당하고 제 삼일에 살아나야 할 것을 제자들에
게 비로소 가르치시니

(마태복음 16:21)

復活 – 부활

冬季芝草如枯根
萬病老胸似伏抱
負架流血同人子
若不復活何燐吾

땅속 깊이 숨은 겨울의 마른 뿌리처럼
늙은이의 가슴속에 잠자는 사랑처럼
형틀을 지고 피 흘린 신의 아들처럼
부활이 없다면 우리는 얼마나 불쌍한가

(부활을 적다)

四十年 - 40년

成而不立聲雖盛
謂多惑滅曰不惑
稀天命慾生於自
知感命能祐于獨

홀로 섰지만 서지 못하고 목소리만 커졌다
유혹이 그리도 많았으니 없애라고 불혹이지
하늘의 명령도 희미해 마음대로 살고 싶었다
소명을 느끼자 이제 내가 홀로 도울 수 있구나

(어떤 나이도 불혹은 없다)

時 – 시

花開落于地
又人信芽綠
現怒消望處
時過遲又速

꽃들이 땅위에 피었다지다
그래도 사람들은 새싹의 초록을 믿는다
희망이 사라진 자리에 갈등이 들어선다
시간은 더디게 속히 지나갔다

(우리가 모르는 것 중 가장 완벽하게 모르는 것)

始終 – 시종: 시작과 끝

生始對滿易鬼人
業遷於冊床數茂
是老兒咳得解道
親熟於懼消欲求

내 인생은 모순이 가득한 퀸의 사진으로부터 시작되었다
생업은 숫자가 무성한 책상으로 옮겨왔다
아이들이 철들어 가자 나는 늙기 시작했다
두려움에 익숙해지자 욕망이 사라졌다

(비난과 찬사를 동시에 받는 퀸은 세상을 의식하지 않고 살아가는 당당함의 실체였다. 그러나
지금은 욕망조차 사라지고 있다)

自然 – 자연: 스스로 그러하다

落柿花松花風中
何多情布谷親鳩
歸乎溪邊會蜂蝶
百花香氣亂紛舞

감꽃이 떨어져 송화에 구를 때
뻐꾸기가 멧비둘기와 이토록 정다울 일인가
돌아가자 시냇가로 버나비 모아 놓고
꽃향기 흩날리며

(끝내 이 꿈은 이루어질 수 있을까)

來月 – 내월: 달이 찾아와

移寢牀少窓
夜月觀我隨
欲見開珠簾
始覺路至睡

침상을 옮겨 창가로 향했더니
밤마다 달이 따라와 바라본다
외면할 수 없어 커튼을 걷으니
비로소 잠에 이르는 길을 알게 되었다

(달이 없어서 잠을 못 이루었으면 지금까지 어찌 살아 있겠는가)

途中 – 도중: 길에 서서

遠不歸路在途中
開雲卽現山林路
風回峰後破沈默
莫身越時聽別鳥

돌아갈 수 없는 길이 멀어질 뿐 나는 아직 길 위에 있다
안개가 걷히자 길과 숲의 경계가 드러났다
침묵을 마친 봉우리를 바람이 돌아 내려갔다
몸이 마음을 좇아 시간을 앞서지 않도록 비봉산 작은 새들의 노래에
귀 기울여야겠다

(다만 새들의 소리를 이해하지 못할 뿐, 침묵을 마칠 때가 오고 있다)

기행문 紀行文

아리랑, 히로시마

인근 도시의 대학에서 일본의 대학을 탐방하고 연수하는 일원으로 선발되었다는 연락을 받았다. 그러나 후쿠오카까지 열두 시간 이상 배를 타야 한다고 하니 걱정이 앞섰다. 배 안에서의 상견례에서, 후덕한 인상의 단장은 '같은 배를 탄 공동 운명체'임을 역설하였다. 현상적 고찰에 기초한 인사말이라는 생각이 들었다. 몇 해 전 텔레비전 광고에서 어떤 개그맨이 "출발하자고─"하며 너스레를 떨던 그 멀미약이 우리 연수단의 귀밑을 '공동'으로 장식하고 있었다. 그 모습이 진풍경이라 생각하면서도 몇 해 전, 울릉도 여행 때 경험한 멀미를 떠올리며 이런 정도의 진풍경은 당연한 것이라고 생각했다. 울릉도행 배 위에서 나는 윤심덕과 김우진의 현해탄 정사(情死)가 필경은 배멀미의 고통으로 인한 자살일 수도 있다는 재미있는 생각을 한 적이 있다. 멀미약의 효과 때문이었는지, 좋은 날씨 덕분이었는지, 뛰어난 항해술 때문인지 이튿날 새벽, 연수단은 평온하게 후쿠오카항구에 도착했다.

간단한 입국 수속 후 히로시마행 버스에 몸을 실었다. 버스에서 바라본 일본의 풍광은 어쩐지 낯익었다. 심지어는 날씨까지도 낯설게 친숙하게 느껴졌다. 히로시마 대학은 일본 10위 정도의 대학이라는 데도 그 규모가 대단했다. 특히 100만 권이 넘는다는 도서관의 위용은 압권이었으며 한여름에도 도서관에 빼곡히 공부하는 대학생들과 오픈 캠퍼스에 참가하기 위해 방학 중임에도 교복을 단정하게 입고 참가하는 고등학생들의 열정도 인상적이었다.

히로시마는 개인적으로 내 운명의 한 자락과 연결된 곳이기도 하다. 어머니께서 태어나신 1년 후 외할아버지는 고국을 떠나 일본으로 가셨다. 도일 후 잠시 연락이 되어 소식도 전해 주시고 사진도 보내오셨다. 그러다 뜻밖의 원폭으로 할아버지는 행방불명이 되고 말았다. 개인의 삶이 역사의 벼리에 단단히 매어 있음은 분명한 사실이다. 이 불행한 사건은 어머니의 삶에 길고 어두운 그림자를 드리울 수밖에 없었고 그 그림자는 오늘 우리네 삶에 역사가 되어 알게 모르게 단단히 똬리를 틀고 있을 것이다.

평화공원은 일본이 전범국가로서 반성보다는 원폭 피해에 대한 항의의 의미가 강해 보였다. 공원에 도착해서 잠시나마 할아버지를 추념했다. 살이 포동한 두 살배기 딸과 갓 시집을 온 어린 아내를 두고 이역의 땅에서 숨져 가셨을 할아버지를 생각해 보았다. 찌는 날씨 탓인지 숨이 턱 막혀왔다. 기도를 마치고 한국인 위령탑 근처에서 흙한 줌을 모아 검은 비닐봉지에 담았다. 할아버지가 돌아가셨을 땅 가까운 곳의 흙 한 줌을 평생 아버지를 그리워 하셨을 어머니께 전해 드리고 싶었다. 원폭을 당해 다 녹아 내려서 철구조물의 뼈대가 앙상한 돔을 보고 있자니 마음속에 아리랑의 곡조가 맴돌았다. 할아버지도 할아버지이지만 한스럽게 살아온 70평생 어머니 삶의 질곡과 아직도 반도(半島) 땅 고단한 백성이 감내하여야 할 삶에 어울리는 곡조였다. 아리랑, 그러나 첫날 밤 히로시마는 역설적이게도 신비하고 아름다웠다.

이튿날, 미야지마의 이쓰쿠시마 신사는 일본 3대 절경의 하나답게 화려한 추억이었다. 고단한 바다 가운데에 세워진 호화찬란한 신사는 인간의 인내를 시험하듯 태풍에 부서지고 나면 다시 세워진다고 한다. 그때마다 성금을 모아준 일본인들의 명패가 즐비하다.

아키요시다이 동굴은 일행들의 의견을 분분하게 했다. 한국에도 이만한 것이 있다는 측과 한국의 동굴보다는 크고 아름답다는 측으로. 그러나 너무한 시원한 동굴이라는 점에서 의견의 일치를 보았다.

그도 그럴 것이 일본은 여행 기간 내내 열도(列島)답게 열(熱)을 받아 있었다. 평소 우리나라라면 이런 날씨에 관광이고 뭐고 엄두도 낼 수 없을 만큼 더운 날씨임에도 연수단은 씩씩하였다. 특히 노교수님들의 분전(奮戰)은 젊은 우리들의 분발을 자극하기에 충분하였다.

이동 중 1호차에서는 비디오를 통해 조상이 한반도인이라 회자되는 히바리가 하염없이 노래했다. 다소 느끼하고 몽롱한 그의 표정과 화려한 분장, 녹녹한 관록이 일본의 뽕짝을 지배하게 하나보다.

구루메의 뉴프라자 호텔은 히로시마의 뉴프린스 호텔에 비해 '뉴(New)'가 아니었다. 호텔에 도착했을 때 가이드는 분명 객실 에어컨 작동법을 설명해 주었다. 그런데 다음 날 아침, 경기도 안성에서 관광 오셨다는 할머니는 노발대발하셨다. 세상에 이렇게 더운 집이 어디 있느냐는 것이다. 관광버스에 오르시면서도 할머니는 잠을 못 주무셔서 퉁퉁 부은 눈을 한발이나 되게 흘기면서 이렇게 말씀하셨다.

"세상에 있는 놈들이 더 무섭다니까!" 연로한 할머니가 어찌 그 작은 버튼을 눌러 에어컨을 작동할 수 있었을까 싶었다.

기쁨의 들 우레시노에서 우리는 비젠 꿈의 가도(민속촌인 듯)에 들렀다. 일본인들의 상술은 민속촌에서도 발휘되었다. 민속품을 판매하는 곳에는 여지없이 냉방시설이 되어 사람들을 머물게 하였다. 식당도 굳이 쇼핑센터를 지나 2층으로 올라가도록 설계되어 있었다. 일본 무사(武士)의 모습을 본 것 이외에는 오히려 낙안(樂安) 민속촌과 비교해서 조금 부족할 것 같았다. 요시노가리 유적지에서는 홀로그램으로 빚은 인물들이 모형유적지의 안에서 꼬물거리며 삶으로 빚은 역사의 편린(片鱗)들을 재현하고 있었다. 발굴 중인 옹관묘는 백제 땅 어디에선가 본 듯한 것이었다.

다시 후쿠오카에 돌아왔다. 인구 수는 광주 정도라는데 도시의 넓이는 훨씬 크게 느껴졌다. 부산의 해운대처럼 모래를 외부에서 운반하여 만들었다는 시사이드모치(해수욕장)의 백사장과 황금색으로 번쩍이는 후쿠오카 돔의 배색은 절묘했다. 그리고 그 곁에 우뚝 솟은 후쿠오카 타워는 인공의 절정이었다.

행복의 언덕[福岡] 후쿠오카에 펼쳐진 도심 텐진은 거대한 시가지이다. 역사(驛舍)와 버스터미널이 들어선 미쓰꼬시 백화점, 천재 시인 이상의 '날개'가 떠올라 잠시 옥상을 바라보았다. 이어진 전자상가는 사람의 기를 죽여놓을 만큼 거대했다. 이번 여행은 해외 여행치고 여러 가지 면에서 자유로운 여행이었다. 스케줄이 여유로워 마음껏 시내를 구경하면서도 마음이 위축되거나 걱정되지 않았다. 다른 나라에서 느끼는 인종에 대한 두려움, 소매치기나 범죄에 대한 두려움, 여권 분실 등의 사소한 문제로부터 자유로웠다. 심지어는 음식마저도 우리를 편안하게 했다. 한국에서 온 걸 아는 탓인지 식당마다 김치며 반찬들이 잘 준비되어 있었다. 넉넉하게 먹을 수 있었고 거부감도 전혀 느낄 수 없었다. 일주일 동안 일본은 특급 치안의 나라다웠

다. 사람들은 듣던 대로 친절했다. 아직 한국에 보급되지 못한 디지
털 카메라를 샀다. 호텔로 돌아와서 보니 기왕 조금 더 작은 것을 사
고 싶었다. 그래서 가이드한테 말하고 백화점에 갔다 온다고 했더니
그럴 필요 없다고 한다. 일본은 이런 경우 백화점에서 직접 차를 보
내 준다는 믿을 수 없는 말을 하였다. 그리고 그가 백화점으로 전화
를 하자 잠시 후 과연 호텔 입구로 백화점 차가 와서 내 앞에 섰다.

  그리고 조금의 불편함 없는 친절 속에 물건을 교환하고 다시 호텔
까지 데려다 주었다. 계속 미안하다고 하는 내게 그들이 오히려 허리
숙여 미안해했다. 돌아와 왜 그들이 미안해 하느냐고 가이드에게 물
었더니, 고객에게 마음에 들지 않은 물건을 파는 것은 설명을 잘못한
자신들의 실수라고 생각한다고 한다. 나는 거만한 자본가가 소비자
를 업신여기는 나라에 오래 길들여져 있음을 깨달았다. 의사 소통에
서 영어가 젬병인 점이 아쉬웠지만 뼛속 깊은 친절과 배려가 잠시 감
동이었다. 내가 외국인이어서 가능한 일이었을까 궁금했지만 감동이
깨질까봐 더 묻지 않았다.

  시내에서 우연히 가와사키 직원을 만났다. 그는 한국에 간혹 출장
을 가는 관계로 나의 텐진 관광을 도우며 한국말을 배우고 싶어 했
다. 한국의 오일장 정도의 재래 시장 구경을 요구한 나의 부탁에 땀
을 뻘뻘 흘리며 안내한 곳은 후미진 상가였다. 그곳은 이미 서구식이
되어 실망스러운 곳이었다. 내 실망을 일본인답게 신속히 눈치 챈 그
는 캐널시티 관광을 제안했다. 텐진의 동북쪽으로 조금 떨어진 곳에
위치한 캐널시티는 복합상가로 그 크기가 놀라웠다. 건물 앞으로는
물이 흘러가도록 꾸몄는데 이곳에서 아이들이 물놀이를 할 만큼 깨
끗했다. 아이들의 물놀이하는 동안 젊은 주부는 쇼핑과 피서를 할 수

있노라고 일러주며 그는 비로소 어깨에 힘을 주었다.

일본의 어느 시내이건 간판이 화려한 곳은 여지없이 빠찡꼬이었다. 남녀노소를 불문하고 그들은 빠찡꼬에 빠져있었다. 빠찡꼬에서 본 한 여자는 틀림없이 임신 중인 여자였다. 놀라운 일이었다. 담배 냄새가 진동하는 그곳, 연신 울려대는 기계의 굉음 속에서 그녀는 빠른 손놀림으로 코인을 기계에 쳐 박으며 열중하고 있었다. 시내를 돌아다니면서 어렵지 않게 담배를 피우며 돌아다니는 처녀 아이들을 보았는데, 문화의 차이이겠지만 어쩐지 섬찟한 생각이 들었다. 직접 경험은 못 하였지만 우리처럼 그들도 젊은이들의 일탈이 큰 사회문제라고 한다. '히바리의 나라'는 어쩌면 선대들이 이룩해 놓은 부를 소비하며 저처럼 사위어 갈지도 모를 일이다. 인종적으로 우리와 너무나 가까운 그들, 다음은 우리의 차례일 수도 있다. 새 세대의 사회화를 담당하는 우리로서도 경계하고 배워야 할 일이 많았다.

일주일의 여정이 끝났다. 배 위에서 마지막 밤을 보내고 나서야 진정 한 주일 동안 우리가 같은 배를 탄 공동의 운명체임을 실감했다. 어느덧 정이 들어서인지 아쉬움 속에 모두들 큰소리로 건배를 하며 여수를 향했다. 음악을 하시는 김교수님의 가곡으로 깊어 가는 팔월의 한 밤, 갑판 위에 앉아서 끝없이 이어지는 오징어잡이 배들의 집어등 불빛을 바라보았다. 나는 머리가 히끗하신 어느 교수님의 열정에 찬 한일 어업협정에 대한 소신을 들었다. 종착에 다다른 여행에 대한 아쉬움이었을까? 늦게 잠이 든 나는 히바리의 붉은 입술과 몽롱한 목소리를 꿈꾸었다. 사요나라 후쿠오카, 사요나라 히로시마.

여수항에 도착했다. 아침에 본 여수는 한여름답게 푸르긴 했지만, 일본에 비해 산에 나무가 없어 보였다. 숲을 군데군데 파헤치고 건축

물을 짓고 묘를 쓴 산의 모습이 눈에 띄어 생소하게 느껴졌다. 우리
는 일류치안의 국가에 다녀온 일류 시민답게, 전례 없는 세관의 검사
를 '일류'로 받았다. 나는 생활 검열을 받고 있는 고등학생처럼 바짝
긴장해 있었다. 세관원의 섬세한 손길이 내 가방을 뒤집고 안에 깊이
들어있던 비닐 봉지를 꺼내 들었다. 평화공원에서 아리랑의 곡조와
함께 담아온 흙이었다.

　"이게 뭐요?"
　"우리 외할아버진데요."
　"뭐라고요?"
　세관원의 눈이 휘둥그래지며 나의 위 아래를 훑어 보았다.
　나는 히로시마 평화공원에서처럼 숨이 턱 막혀왔다.

2000.08

수필 隨筆

아버지의 춤

　쑥스러움을 많이 타신 아버지께선 생전에 고개를 외로 꼬고 먼 산 바라기를 하곤 하셨습니다. 내가 고갤 왼쪽으로 돌리고 멀뚱거리며 사위를 돌아보고 있는 때, 아버지에게서 물려 받은 버릇입니다. 욕망과 이성이 충돌할 때, 아니 사소한 것들이 재빠른 판단을 요구하며 잠시 혼란할 때, 상대의 눈을 피해 무표정에 깊이 감춘 사념이 우리 사이를 가르고 허공에 흩어질 겁니다.

　기억합니다. 어느 화창한 내 유년의 날, 온 마을이 흥성스러운데 아버지께서 얼굴이 불콰한 채 당숙네 마당에서 추시던 춤, 그 춤에 담긴 깊디 깊은 한을. 자식들에게 흐트러진 모습을 한번도 보이지 않으셨던 분이 왜 그날 손을 저리도 황망하게 휘저으셨을까. 왜 발걸음이 저리도 규칙적이었을까. 오랜 시간이 흘러도 잊혀지지 않습니다. 표정은 당연히 웃음이었으나 그 웃음이란 것이 어쩐지 평상시의 그 어색하지만 웃음은 아니었습니다. 너무 허망한 웃음이어서 우리는 아버지와 함께 석양녘 하늘을 한동안이나 보고 있었습니다. 저러다 무슨 일이나 벌어지지 않을지 불안하기까지 했습니다.

　할아버지는 재주가 많으신 아버지를 두고 바람처럼 만주로 떠나셨다 합니다. 소문엔 처자를 동반했다 하는데 그 저간의 사정을 피붙이인 내가 세세히 모르는 것이야 나이 탓이 아니겠지요. 너무도 어린 나이에 벌판에 선 대추나무 한그루가 되어 버린 아버지께서는 열 살 안팎에 학교를 그만두시고 농사일에 몰두했다는데 근본이 가난한 터라 남의 농사를 지어야 피죽이나마 먹을 처지였더랍니다. 일제가 물러가고 체구가 유난히 작았던 덕분에 육이오를 부역 없이 넘긴 아버지는 가난한 집안 여인을 맞아 살림을 차렸다 합니다. 그러나 독자로써 7년이 넘도록 태기가 없어 어머니가 폐출될 위기를 겪기도 했다 합니다. 결혼 후 곧장 군대를 가셨으나 씨가 마를 것을 걱정한 할아버지께서 그나마 있던 논을 팔아 제대를 시킨 후에야 형이 태어나 가정의 위기를 면할 수 있었다 합니다.

할아버지는 한학을 하셨던 완고하고 보수적인 분이어서 아버지와 충돌이 잦았을 겁니다. 겨울이면 마을 장년들이 회관에 모여 투전판을 벌이곤 했었는데 그 때마다 할아버지는 회관 문짝을 떼어와 집에 처박아 두었다고 하니 아버지의 고통이 어땠을까요? 내가 태어나고 나서 할아버지는 한시름을 놓았다 합니다. 이제 우리집에도 꼬장중우ㅡ남자들이 입는 얇은 바지ㅡ가 둘이라며 참 좋아하셨다 합니다. 외꽃 같던 외아들이 아들을 둘이나 두었으니 딴은 좋으셨겠지요.

아버지는 재주가 많은 분이었습니다. 기억력이 특별해서 마을 대소사 간에 어른들이 우리 집으로 상의를 하러 들르는 일이 잦았으며 셈속이 빨라 계산할 일을 옆에서 척척 해대는 모습은 여간 자랑스러운 모습이 아니었습니다. 마을 사람들은 아버지께서 만일 할아버지의 외유로 인하여 공부를 중단하지 않았다면 상당히 큰일을 하실 수 있는 분이라 치켜 주곤 했습니다. 아버지는 그런 말 때문이었는지 공부에 한스러움을 간직하고 계신 듯하였습니다. 사람들에 의하면 자식을 그토록 어려운 환경 속에서도 가르치신 이유가 당신의 못 배운 한 때문이라고 했습니다. 좌우간 논 세 마지기 정도를 가지고 날 대학교까지 가르치신 것은 거의 고난에 해당하는 거인의 서사였습니다.

할머니는 할아버지의 떠돌이 삶 탓인지 환갑을 넘기자 한스러운 생을 비교적 일찍 마감하셨습니다. 그래서 제게는 할머니의 기억이 없습니다. 한동안 그 자취를 따라 돌아다니며 사진이라도 복원해 보려 했지만 방계(傍系) 식구들을 확인하는 데 그치고 말아서 죄송할 뿐입니다.

2012.05.08.

사진을 내리며

마을 앞집이라 집을 비워두면 마을 사람들이 서운할까봐 걱정이 되었습니다. 그래서 잠시 우리 집에서 살 사람을 물색했는데 그 낡고 험한 집에서 누가 살려하겠습니까. 겨우 누군가 살겠노라고 하는 사람이 나타났습니다. 집을 치워줘야겠기에 시골에 갔습니다. 살바람 속에서 차디찬 방바닥을 맨발로 걸어 들어가 우선 윗목에 걸어둔 사진을 내렸습니다. 서럽게 사시다가 슬프게 돌아가신 아버지의 사진을 떼며 목이 메어 왔습니다. 영정사진으로 쓰던 그 사진 속에 아버님의 눈망울이 왜 그리도 선하신지요. 울 어머니, 사진 속의 모습은 젊어서, 몸집이 크셨는데 지금은 왜 그리 마르셨는지, 지금 사진 떼는 것을 아시면 얼마나 속이 상해하실지 죄송스럽기 그지없었습니다.

그리고 우리 오남매가 어려서 찍은 부동자세의 사진을 떼었습니다. 우리 부모님 눈에 넣어도 아프지 않으실 손주들 사진을 하나 둘 떼고 나서 방을 나서다 정말 정말 한없이 쏟아지는 눈발을 보고 그만 넋을 놓고 말았습니다.

내 유년의 세월을 아름답게 수놓던 눈발이 저렇게 지천으로 쏟아지는 것을 보면서 짧은 순간 너무나 많은 추억들이 스치고 지나갔습니다. 겨울방학 때면 썰매를 타면서 우리 집 앞 미나리꽝을 드르륵 지나가는 친구들, 얼음 배를 타다가 물에 빠져 얼어 죽을 것 같던 추억, 들불을 놓아 발을 녹이다 나일론 양말을 태우고 야단맞던 추억, 겨울만해도 회상을 아직 시작도 못했는데 이 집에서 오늘까지 얼마나 많은 추억의 시간을 보내왔는지 헤아리기 어려웠습니다.

　그저 내 정년하면 이곳에 건강하게 돌아와 친구들과 어려서처럼 그렇게 살고 싶을 뿐이었기에 그렇게 기도했습니다. 그리고 사진을 챙겨서 차에 싣고 순천으로 오는 동안 쏟아지는 눈발 속에서 운전하기가 어려웠습니다. 참으로 아름다운 풍경이었습니다. 그리고 나는 집에 돌아온 후 한동안이나 말을 잃었습니다.

2007.07.25.

가을의 독백

하느님, 낙엽진 교정을 걷다가 죄를 생각합니다. 은목서의 향기가 가슴을 아리는데. 살면서 흘끔거린 반질한 옷과 맛난 음식, 떡 벌어진 집채와 호사한 차에 대한 물욕을 어찌 없다 하겠으며, 잘난 척, 깨끗한 척 꾸며 말한 것이 어찌 한두 번이라 하겠습니까. 더욱, 길 가다 돌아 보던 사람들에 대한 수 없는 죄를 누구 앞이라 부정할 수 있겠습니까.

머지않아 허무한 것들이 진 교정에 그 허무가 흩날리고 또 허무한 시간이 진공처럼 고즈넉해지면 검투사같이 반짝이던 아이들조차 몸을 사려 더욱 추레한 세상이 되어 버리겠지요. 하느님, 참으로 여유롭게 응답하시는 것이 절대 섭리임을 압니다. 그리고 하느님의 시계에 우리의 시간을 흐르게 할 수는 없습니다. 더욱이 죄 값을 다하기엔 삶이 찰나에 불과하므로 더욱 조바심하고 있음도 아시는지요. 지난 세월이 사진 첩을 들추고 흑백으로 튀어나와 우리들 사이를 질러 갈 것처럼 아련한데두요. 정말로 찰나였으면 좋겠습니다. 삼 일을 굶어도 눈빛이 형형하던 할아버지의 손자인 내게 고통도 지나고 나면 수유의 것인지요.

뼈 빠지는 일이 지천인 시골에서 가난을 세습하지 않으려던 어머니께서 쓰러져 병원을 전전합니다. 수술에 수술을 거듭하며 몇 해를 중환자로 연명하고 있습니다. 볕 한번 쬔 적 없는 사업에서 만신창이가 된 형은 동생의 작은 아파트와 퇴직금까지 담보하며 아직도 강강한 소리를 거두지 않습니다. 신앙을 좇아 사는 막내 동생은 목사 신랑에게 생활의 어려움을 말할 수 없는 노릇이라며, 울음을 참는 목소리가 흔들립니다. 막내가 외꽃처럼 파리하고 낡은 창호보다 초라하더라는 아내의 말을 듣던 밤에, 나는 침대의 한구석에 웅크리고 콩껍질처럼 잠이 들었습니다.

　철 따라 꽃 피고 낙엽 지는 교정은 실로 아름답습니다. 지난 여름과 가을 태풍과 장마를 잘 견디고 이처럼 아름다운 낙엽 꽃을 피워냈습니다. 넘쳐도 부족한 것이 참회인데, 이처럼 게으름을 어찌할까요. 시간에 대한 관념이야말로 타파해야 마땅한 것이기에 이 가을이 교정에서 흩날리며 방황하는 모양입니다. 좌시할 수 없는 배반의 시간은 관성처럼 우리의 이성을 지나갈 것입니다. 그때 한결 가벼워진 빛들이 나뭇잎을 통통 튀어 잔 주름진 내 얼굴에 닿듯이, 자잘한 꽃무늬가 사람들의 발바닥을 간지럽혔으면 좋겠습니다. 세상에 사람을 평등하게 내셨으니, 그렇게 조금씩이나마 평등하게 살아가면 좋겠습니다. 지금 나무에서 내려와 내 발등을 거쳐 땅에 켜켜이 쌓이는 낙엽 그처럼.

2005.10.14. 아버지를 아빠라 부르고 아부지라 부르듯 하나님을 하느님이라 불러 보았다.

오래된 말

나는 지방의 작은 도시에서 고등학교 교사로 근무하는 사람입니다. 출근길의 중간에 아들이 다니는 중학교가 있어서 매일 출근길에 아들을 내려 주었습니다. 하루는 1교시 수업을 하러 들어가려는데 아내에게 전화가 왔습니다.

'당신 아들 어따 뒀어요?'

이게 무슨 황당한 멘트입니까. 아들 담임교사가 학교에 안 온다고 전화를 한 모양이었습니다. 얼핏 스치는 생각이 있어 부리나케 차로 뛰어 가봤더니 아뿔싸, 아들이 아직도 차 뒷좌석에서 쿨쿨 자고 있었습니다. 건망증에 그만 아들 학교를 지나치고 이제야 아들을 발견했으니 한심한 일이었습니다.

한번은 아파트 이사를 하고 난 다음 날, 깜빡 잊고 전날까지 살던 아파트로 갔다가 '아차! 어제 이사했지' 하고 계단을 내려 가고 있는데 저만치 아들이 계단을 올라오고 있었습니다.

지금은 중년을 넘어서 머리가 희끗해진 나이가 되었지만 그때는 열정이 넘치는 젊고 파릇한 신출내기 교사 시절 이야기입니다. 아지랑이가 아른거리고 여기저기서 꽃들이 다투어 피는 그야말로 아름다운 봄날. 토요일 오후 학생들도 주말의 자유를 만끽하고자 안달이 나 있지만, 종례를 하기 위해서 3층 교실로 발걸음을 옮겼는데 이 좋은 봄날을 누리려고 안달이 난 학생들 일부가 이미 하교해 버린 학생도 있었고 일부는 가방을 메고 복도를 서성거리고 있었습니다. 나는 학기 초인지라 이 기회에 학생들을 확실하게 기강을 잡아두어야 1년이 편할 거라는 생각이 들었습니다. 그래서 이 명약관화한 학생들의 잘못을 준엄하게 꾸짖었습니다.

"누가 종례도 안 했는데 벌써 하교를 했어?"

버럭 화를 냈습니다.

"오늘 일찍 간 학생들은 모두 다음 주에 반성문을 쓸 것이고 벌로 주번 활동을 해야 하며 당분간 특별구역 청소를 하겠다. 바야흐로 선진대국에 진입하기 위해 불철주야 열사의 나라에까지 나가 혼신의 노력을 하는 이 시대에, 조국의 미래를 이처럼 헐렁한 정신 상태를 가진 너희들에게 맡겨 둘 수는 없다. 그것이 내 임무다. 앞으로 종례 없이 하교하는 학생은 나와 같이 학교에서 장엄한 일요일 아침을 맞이하게 될 것이다. 알겠나?"

"네, 알겠습니다."

학생들은 한 주일 동안 반성문을 쓰거나 일부는 청소 당번을 하고 일부는 주번을 하며 종례의 중요성을 되새기는 시간을 보냈습니다.

그리고 한 주일이 흘러갔습니다. 여전히 아름다운 봄날, 화창한 봄 햇살이 젊은 교사의 피를 끓게 하고 있었습니다. 발바닥이 간지럽고 머리가 알싸한 봄 봄, 이 건망증 많은 교사는 퇴근을 해서 점심을 먹은 다음 모처럼 친구들과 약속을 한 터미널로 향하고 있었습니다.

그런데, 뭔가 야릇한 불안감, 그러니까 화장지를 손에 감고 화장실에 들어갔다가 일을 마치고 나와 보니 화장지가 손에 그대로 감겨 있는 듯한 그런 찜찜한 생각이 들었습니다. 한참 눈을 굴리며 머릿속을 뒤지다가 퍼뜩 떠오르는 사건이 있었으니, 바로 종례였습니다.

"오늘은 토요일이다. 오늘 종례가 있을 것이니 청소가 끝나고 모두 기다려라"

오늘 조회 시간에 학생들에게 무심코 한 말이 불현듯 떠 올랐습니다. 나는 학교로 뛰기 시작했습니다. 버스터미널에서 학교까지는 걸어서 30분 정도의 거리였지만 그 당시 저의 기록을 잴 수만 있었다면 우샤인 볼트가 100m 세계 기록을 깰 때 정도였을 것입니다. 유행하는 표현으로는 눈썹이 휘날리게 뛰어 학교에 도착할 때쯤 이미 학생들은 다 집에 가버리고 학교는 고요한 상황이어야 마땅한 일이었습니다. 그런데, 뒷 건물 일부가 소란스럽게 느껴졌습니다. 우리 교실에서 나는 소리임을 직감했습니다. 그러나 학교에 들어서자 지금까지 체면 불구하고 뛰던 것과는 사뭇 다르게 점잖은 걸음으로 호흡을 조절하기 시작했습니다. 그리고 예의 교실로 천천히 발걸음을 옮겼습니다. 복도에는 가방을 메고 흘깃거리며 입이 한 발이나 튀어나와 원망을 쏟아내고 있는 학생, 교탁을 발로 차는 학생, 칠판을 주먹으로 치면서 불만을 토로하는 학생들로 가득했고 죄 없는 반장만 구박을 당하고 있는 그야말로 아수라 같은 분위기였습니다. 그러나 이 젊고 건망증 많은 교사는 학생들을 제압했습니다. 이내 조용해진 분위기,

"왜 이리 떠들고 난리? 인생은 기다림의 연속이다. 기껏해야 두

시간도 못 기다려서 어떻게 조국의 미래를 짊어 질라구?"

학생들은 왜 자신들이 그 무거운 조국을 짊어져야 하는지 모르는 표정이 역력했지만 짐짓 저는 말을 이어갔습니다.

"지난 주 내가 종례하러 왔을 때, 그때 나를 기다리며 묵묵히 교실을 지키던 학생들도 있었지만, 오늘은 내가 특별히 '훈련'을 시켜봤다. 학교가 공부, 공부에만 몰두하다 전인교육의 숭고한 가치를 놓치고 있는 안타까운 현실임을 감안해서 오늘은 내가 느그덜의 인내심을 테스트하기 위해 기획한 훈련을 해 보았다. 지금 보니 한 눔도 도망가지 않고 묵묵히, 아니 끈기 있게 남아 있는 우리 반 학생들 파이팅이다. 이제 조국의 앞날이 조금 밝아 보인다. 오늘 인내 훈련은 성공적으로 마치겠다. 집에 돌아가도 좋다."

이제는 말할 수 있습니다. 그 때, 이 젊고 건망증 많은 교사는 그 아련한 봄날 어쩌다가 '종례를 할 테니 기다리라'고 해놓고 깜빡 잊어버렸다. 그렇다고 내가 깜빡 잊었다고 하면 학생들이 얼마나 한심해 했겠니? 대한민국 35만 교사들의 교권은 지켜야 했다.

'미안하다. 그래도 그때 너희들이 정말 천진하게 자리에서 일어나 기꺼이 하교하는 모습이 얼마나 귀엽고 사랑스러웠는지 모른다. 자랑스런 제자들아, 그러나 살아보니, 역시 인내심은 꼭 필요한 거 맞지? 바로 그거다. 지금은 누구보다 씩씩하게 기다림을 인내하며 잘 살아가고 있을 거라 추호도 의심하지 않는단다. 잘들 지내거라.'

은행나무 자리

오랜 세월 이 자리는 은행나무의 자리였습니다. 은행나무는 연두색 잎으로부터 스스로 노란 성분을 찾기 위해 오랜 시간을 인고합니다. 지난 한 여름 내내 진짜 노란 물감을 찾다가 제트기가 쌕쌕거리고 지나간 휑한 하늘에 툭하고 노랑 잎들을 내밀었습니다. 그 후로 많은 사람들이 황금색이 된 세상에 감탄하며 나무 가까이 서곤 했습니다.

지금 이곳에 은행나무가 없습니다. 은행나무는 지난 겨울 흔적 없이 베어지고 그 자리에 무지개 홀이 들어섰습니다. 무지개 홀은 그 이름만큼 아름다운 건축물입니다. 조금 딱딱하지만 벽돌이 적절하게 하늘을 가리고 색깔을 감출 만큼 진한 유리가 동쪽을 향해 선그라스를 낀 것처럼 의젓하게 서 있습니다.

나는 이 건물의 중간 어디쯤에 앉습니다. 그리고 마이크를 잡은 사람들의 현란한 수사를 듣습니다. 대개는 졸다가 나오는 일도 많지만 촉각을 곤두세우고 앉아 있는 경우도 심심치 않습니다. 사람은 늘 회의하고 회의하는 존재이므로 무지개 홀에 가는 일이 무거운 일입니다.

문득 내가 은행나무를 대신해 앉아 있다는 사실에 생각이 미치자 진실로 부끄러웠습니다. 내 봄은 연두색으로부터 노란색을 찾는 여정이 얼마나 길었을까, 지금 나는 시내 사람들이 모두 휘둥그레질 정도로 노랗게 빛나고 있는가, 나의 겨울은 어떨까.

'무지개 홀'은 이내 '은성관'이라는 교술적 이름으로 바뀌고 말았다.

욕하는 아이들

식당으로 몰려가는 아이들 틈에서 무시로 욕설이 튀어나온다. 그냥 듣고 지나칠 수 없어서 불러 세우면 '제가 지금 무슨 욕을 했냐'는 듯이 멍해져 있다. 자신의 말에 욕설이 들어 있다는 사실조차도 모르는 듯하다. 얼핏 들으면 욕설인지의 판단이 애매한 말들도 사용하고 있지만 대개는 자극적이고 모욕적인 말들이다. 차마 입에 담을 수 없어서 그 말을 스스로 떠올리도록 하면 한참 만에야 계면쩍은 표정을 짓는다. 노상의 일이지만 그냥 지나치는 것이 교사의 책임을 다하지 못하는 것 같아 현장에서 매번 어려움을 겪곤 한다.

요즘은 매미도 예사로 울지 않는다. 소음 속에서 소통의 강렬한 욕망이 목소리를 크게 하는 모양이다. 하물며 하나같이 남의 말에 귀를 닫아버린 현실에 서있는 아이들이 욕망의 정점에서 갈고 다듬어낸 소통의 도구가 이 시대의 '욕'이 아닐까 하고 짐짓 점잖은 생각을 하기도 한다. 그러나 상품에 품격이 있듯 사람에게 인격이 존재 한다고 했을 때, 그 인격이 표현되는 소통의 장에서 욕이란 틀림없이 부정적인 요소이다. 욕이란 '나의 논리로는 당신을 설득할 수 없다'는 인격포기 선언이 분명하기 때문이다. 욕이라는 독특한 기제에 의존하는 의사소통이란 애초에 그런 배경을 담고 있음을 명심해야한다.

학생들이 사용하는 욕설들은 대부분 전국적인 유통망을 가지고 발달, 전파되면서 욕쟁이 할머니류의 따뜻함을 기대하기 힘들다. 또한 삶의 현장을 문장으로 담아 맛깔스럽게 담아내는 입담과, 기발한 착상에 기댄 풍자성 있는 욕말도 아니다. 대개 성적인 표현으로 얼룩진 그 욕말은 직설적이며 남녀의 차이도 없다. 욕설이 담고 있는 의미적 요소는 아예 관심의 대상도 아니다. 어찌 삶의 출발점에 선, 저 여리고 선한 학생들의 입에서 저렇게 모질고 독한 말이 나올 수 있을까 좌절하는 순간에도 욕설은 쉼 없이 튀어 나온다.

인성의 측면에 우리의 교육은 얼마나 봉사하고 있을까? 생각하기조차 부끄러운 질문이다. 밤 11시에 교문을 나서는 학생들의 어깨에 걸린 가방이 어쩌면 욕 없이 살아가기에 너무나 팍팍한 현실에 힘겹게 매달려 있는 것은 아닐까? 끝도 없이 요구되는 순종과 담보 없는 고통 속에서, 우리의 삶도 자본주의처럼 넘어지면 죽음뿐인 도로에 자전거를 타고 달려가고 있는 것 아닌가. 종국이 절벽일 것 같은 도로에서 속절없이 자전거의 페달을 밟으며 악으로 깡으로 버티는 청소년들의 곁에서 이 땅의 씁쓸한 교사는 망연 자실하다. 그렇다 하더라도 청소년들이여, 배에 힘 한번 주고 참으시라! 그대는 '세계 예의지국'을 살아가는 이 땅의 미래이므로…

단편소설 短篇小說

우리가 들국화였을 때

"어머 벌써 시작됐네."

씽씽 콧바람을 일으키며 광고가 끝날세라 부산을 떨었지만 삼십분 전에 물린 식탁도 채 치우지 못한 아내는, 서른 남짓한 평수의 아파트를 뒤집어 놓을 듯한 소란 후에야 비로소 소파에 앉았다. 연속극은 이미 첫 장면을 넘기고 있었다.

텔레비전 채널의 전권을 쥐고 횡포가 자심한 아내는 늦은 저녁 식사 후 텔레비전 앞의 내 위상을 심하게 일그러뜨리고 있었다. 하긴, 결혼 후 내가 터득한 가화만사성(家和萬事成)의 도(道)중에는 사소한 데서 권리를 찾으려는 세련되지 못한 행동을 금해야 한다는 조목도 포함되어 있었다. 텔레비전의 채널 선택은 물론, 어쩌다 주말 낚시, 퇴근 후 술집 행, 친구들과의 야구장 출입이나 사행성 오락, 심지어는 아내의 기호와 동떨어진 넥타이나 향수까지….

아내는 연속극의 한 장면을 놓친 것이 나의 잘못이라도 되는 것처럼 묘한 눈흘김을 던지고는, 이내 텔레비전 수상기에 바투 앉아 극초단파가 그려낸 영상에 젖어들었다. 그리고 무너져가는 어느 회장님의 일탈과 현실에는 좀체 보기 힘든 출생의 비밀에 심각한 관심과 우려를 쏟고 있었다. 치열한 신혼의 열기가 가라앉고, 그 결과로 인화(人花)라 일컫는 아이 하나쯤 있었더라면 아이에게 투자했어야 마땅할 시간들이었다. 그러나 아내는 집안에서 온통 현대 문명의 총아(寵兒)라 할 만큼의 영향력을 발휘하는 저 텔레비전 매체에 잠식당한 채 모든 판단을 보류하고 쩔쩔매며 대안 없이 굴종하고 있는 편이었다. 그러한 때 매번은 아니지만 어쩌다 내 의식의 저류를 흐르는, 고춧가루 내음의 저항을 느끼는 경우도 없진 않았다. 그러나 그때도 '가화만사성!'은 가정의 평화와 안락을 보장해 주는 금과 옥조(金科玉條)였다.

아내는 화려한 원색의 포인트가 있거나 상하체가 두루 조이는 전형적인 미시복장을 좋아 하였다. 댄디한 소품들과 도발적 색상의 루즈로 멋을 내며, 남이 하는 일이란 무엇이든 기어이 얼굴 이래도 내밀어야 직성이 풀리는 현대적 구색이 있었다. 그런 아내가 연속극의 주인공과 교감한다는 것이 바람직한 모습도 아니려니와, 적절한 대목에서 '저런 나쁜' '불쌍한' 어쩌고 추임새까지 넣으면서, 리액션 좋은 학생처럼 버티는 대목에서 실소를 느끼기도 했다. 그러나 또한 어찌하랴. 도무지 의식이라곤 찾아 볼 수조차 없는 아내의 극적 근성이란 편파니, 왜곡이니, 상업주의니, 질타 속에 아슬하게 서있는 작금의 방송인들에게 가슴 벅찬 수확이 아닐 수 없으리라.

"어머니께서 또 편찮으신가 봐."

사람의 손을 벗어나지 못해 아직도 미열을 간직한 리모컨을 살짝 집으며 아내의 뒷모습을 흘끔 쳐다보았다. 브라운관의 중앙을 정교하게 가린 머리를 인조 보석이 자잘하게 박힌 고무 밴드가 튼튼하게 조이고 있다. 흡사 어린 시절 초등학교 운동회에서, 청군의 아이 하나가 운동장 한가운데 앉아 있는 것 같은 느낌이었다. 쇠붙이처럼 브라운관의 자성(磁性)에 붙매어 있던 아내는 말의 여운이 사라지기를 기다렸다는 듯, 그리고도 한참이나 있다가 천천히 돌아보았다.

입사 직후부터 익힌 현장과 직원의 소통 문제는 나의 발목을 붙잡고 늘어져 퇴근을 늦추곤 했다. 현장의 다변화가 절실하다는 지적에도 굴하지 않고 건설회사는 오래전부터 이 땅을 몽땅 개발하고도 남을 만큼의 장비와 고급이 되어버린 인력을 수출하는 문제에 안간힘을 쓰고 있었다. 동남아시아의 거대한 빌딩이 우리의 손으로 지어지고 한국인의 손길이 점차 늘어날수록 경영자들의 노파심은 더해간다. 그러나 매번 경기의 호불호를 의식하며 안간힘 쓰는 우리 회사의 보수적인 배짱은 최첨단의 사고와 아이디어로 대결해 나가야하는 수출전선의 긴박함에 비하건대 완고했던 구한말의 상투꾼들의 그것과 다를 것이 없었다. 개방을 막고 변화를 거부하며 새로움을 두려워하는 그들은 신선함과 창의력으로 무장한 젊은이들을 끌어 모아 그들이 가진 무딘 신경과 끝이 없는 고집과 무사안일의 희생양이 되게하여 성장을 길게도 끌어가고 있다. 거듭 보완 시정에 자체 검열이니 뭐니 해 놓고서도 아직도 의심스러운 눈길로부터 벗어나지 못하는 터에 인력을 수출하고 현장을 확보하며 중고가 된 건설 장비들을 수출하여 이룩하려는 유토피아는 멀기만 한 이야기가 아닐까? 동남아시아는 늘 법적인 문제가 늑장이어서 가장 골치 아픈 일이다. 숱한 현장의 문제를 해결하려면 현지인에게 법인을 설립하게 해야 하는데 그 과정에서 안전을 담보하는 일은 쉬운 일이 아니었다. 보류된 혁신안을 만지작거리며 본사에 연락을 하고 현지에 알려 일부 협상으로 돌려놓으면, 인천공항에서 너댓 시간을 견뎌야하는 비행기의 이코노미 석이 무릎을 조여온다.

푸성귀를 한아름 이고 윤씨(尹氏) 문중의 장손이자 독자인 아들을 찾아 먼 길을 달려오신 어머니는 벼르고 벼른 방문인지라, 방에 들어선 순간부터 자못 말씀이 많으셨다. 그것 때문에 오신 것을 내가 모

를 리가 없건만 기어이 총각으로서 진갑을 맞은 아들의 결혼을 입에
올렸다.

"니 이모가 알아봤는디 처녀는 대학까지 나오고 집안도 녹녹잖은
가 보드라. 저번 때 본 처녀헌티 대것냐, 대학교만 나왔제 아래로 권
석〈倦屬〉들이 메뚜기 떼같이 붙어 있어 쓰것드냐? 처가에 권석 많으
면 본가 살림 보전 못허는 것이여, 속히 담판을 내, 요번 삼동에는
식을 올려야 쓸 것인께."

"꼬라지가 뭣이냐, 성동아재 무시밭도 이보다는 낫것다."

새벽 같이 출근하느라 몸만 쑥 빠져 나온 티가 완연한 침대와 방바
닥에 널부러진 신문, 책 따위와 물 컵을 치우면서, 남의 일하느라 제
일 서두르는 성동 아저씨 무밭까지 들먹이신 어머니의 상상력은 아직
놀랍다.

"혼자 살믄 평생 요 꼬라지 못 면허제."

악담을 늘어놓으신 후에도 '도대체 장손에, 그것도 부족해 양친이
제삿밥 먹을 때가 다 되어가는 집안의 외아들 주제에 무슨 배짱으로
서른을 넘기고 있느냐'시며 내친 김에 쉼표도 없이 몰아 세우지만, 그
정도의 문초는 스물을 넘기기 시작한 저 아지랑이 같은 시절부터 근
십 년을 두고 이력이 난 상태였다. 어머니는 대강의 방 정리를 끝내
고 녹색의 푸성귀를 신문에 좍 깔아 놓았다. 저 푸성귀 양만큼의 문
초가 쏟아지리라.

"천천히 하세요, 먼길 차 타느라고 피곤하실텐데"
"워낙 바빠 다듬도 못허고 올라 왔다, 어서 헤야 내일 내려가제"
"급한 일도 없을 텐데 며칠 쉬었다 내려가시죠."

'내가 한가해서 요 먼 곳 꺼정 온중 아냐, 너 장개가서 어여 손주 상판때기나 보고 죽을라고 요 고생이여'라고 어머니는 말씀하시고 싶을 것. 푸성귀를 다듬으면서, 어머니는 열무의 이파리를 뜯어내듯 자근자근 말씀을 이어 나갔다. 굳이 좋은 조건의 결혼과 연계된 가능한 모든 얘기를 동원해 이 발칙한 아들을 자극시키고 있는 것이다. 동네 누구누구가 - 내 생각에는 아직 마빡에 피도 안 마른 녀석이- 여자를 떠억 끼고 들어 왔는데 성격이 어찌나 사근사근한지 칭찬이 자자하다는 둥, 누구는 혼수가 좋아서 시에미 입이 함박만하다는 둥, 사돈의 처가 쪽 팔촌까지 들먹이며, 상대방의 아픈 곳만을 노리는 야비한 투기(鬪技) 선수처럼. 딴은 손 귀한 집에 어서 손주 하나쯤 두어서, 돌아가시기 전에 제주(祭主) 얼굴이라도 확인하고 싶은 마음이야 오죽하시랴만 아득바득 부모의 혼담에 순종하지 못하는 이 안타까움을 어머니가 이해하실 수 있을까?

"그러기에 고를 것 없이 당장 식 올리고 살면 되잖아요?"

조심스러운 나의 말에 품은 치기(稚氣)에 찬 반항을 눈치라도 채신 것일까? 어머니는 기어이 정색을 하시고 그리 길지 않게 유지된 모자 상봉의 기쁨에 마침표를 찍었다. 불과 삼십 여분의 평화가 전부였다.

"이 에미 애비 귀신 되거든 식 올리고 단내가 풀풀 나게 잘 살아 봐라, 니 놈 좋으라고 반대허제 못되라고 반대헌 중 아냐?"

눈치 빠른 어머니는 하영의 문제가 우리 모자 사이에 아직도 타협해야 할 긴 강으로 존재하고 있음을 여지없이 지적하고 있었다. 의당 치러야 할 의식을 그렇게 길게 끌어 온 것은, 그렇다고 어머니의 말씀처럼 그렇게 단순한 반항에서만은 아니었다. 그것은 어쩌면 그 타협이 한 삶의 존재와 가치를 결정하는 중차대한 문제일 수도 있었기 때문이었다.

"부모 없는 애가 집안 단속 남편 단속 잘하는 법 없다. 같은 성받이만 아니어도 또 모르제, 그런 근본 없는 아 호강시키자고 뼈 빠지게 너 대학꺼정 보낸 중 아냐?"

처음 어머니에게 하영을 소개했을 때 부모님의 태도는 불에 데인 라면 봉지 같았다. 그리고는 아무리 현대적인 사고를 동원해 보았건만 한 세상을 살아오신 부모님에게 이제 삶의 출발선에 선 자식의 말은 도무지 씨알이 먹히지 않았다. 하영과 함께 시골에 갔을 때도 상황은 변함이 없었다. 우리가 선뜻 방에까지 들어섰지만 짐짓 무표정하게 앉아 옷가지를 개며 딴청이시던 어머니는 방 가운데 무당 쌀자루처럼 서 있는 하영에게 눈길 한번 주는 법이 없었다. 전운이 감돈다는 표현이 어떨까? 비교적 어른들 대하는 주변머리가 좋은 하영의 심지가 그럭저럭 분위기 사납게 만들지 않을지도 모른다. 더구나 상봉이 있는 몇 번, 그때마다 치른 어색한 분위기를 이번조차 똑같이 만들어 내진 않겠지, 허영에 찬 망상이 채 끝나기도 전에 어머니는 실로 난감한 도발성 발언을 서슴지 않았다. 그나마 국민의례에 해당하는 인사마저 생략된 채였다.

주춤거리며 하이펫트라는 신종 가시 방석에 앉은 하영은 어머니의 이어지는 비우호적인 분위기에 다소곳한 자세였다. 그리고 그 송곳의 속성을 유지한 어머니의 절묘한 비유와 야유를 잘도 참아 내고 있었다. 마치 조선조를 관통하는 어떤 숙명적인 여인네처럼.

"우리 아들은 올해 꼭 장개를 보낼 테니 그렇게만 알아, 공연히 오래비같은 사람 잡고 더 늘어져 봐야 청산에 매 띠우기여."

하영은 전의를 상실한 병사처럼 동그랗게 앉아만 있었다.

"말씀 명심해서 듣고 있습니다."

입안 어느 구석에서 잃었던 혀를 갑자기 찾아 낸 듯 하영은 대답했다. 성처럼 완고한 어머니의 어깨 뒤에서, 물고 늘어지는 쪽이 자신이라는 어머니의 편견에 대한 진위(眞僞)는 뒤로한 채, 하영은 엉덩이를 쿡쿡 찌르는 가시의 통증을 견디고 있었다. 한 방에 토라진 아이처럼 같은 방향으로 앉은 두 여인은 말을 이어나가지 못하고 있었다. 하영은 자신을 거부하는 거대한 구조물을 느끼며 어쩌면 의식의 밖으로 삐져 나오려는 숱한 말들을 곰곰이 재워 태초부터인 듯 긴 시간을 메우고 있었다. 어떻게든 반 허락이라도 얻어내기 위해 마련한 자리가 오히려 돌이키기 힘든 상황을 만들어가고 있었다.

"눈이 남자 서넛은 실히 잡아 묵게 생겼어, 성받이까지 같은 제집 귀신하고 혼사가 말이나 되는 중아냐? 동기간이나 한가진디, 대학교꺼정 보내놓은게 넘 부끄러운 소리 허지 말고 포기혀. 발에 채이는 것이 여잔디 어디 여자가 없어서 그런 근본도 없는 요물 단지를 차고 댕겨, 애기 하나만 낳으면 집구석 문고리 하나 성헌 것 없것구만 서

발 막대 휘둘러도 걸칠 것 하나 없는 것을 니가 왜 거둬"

하영이 떠난 뒤에도 어머니의 성화는 양철 지붕에 소나기 치듯 했으므로 어머니 앞에서 하영의 이야기일랑 아예 뻥긋도 못할 지경이었다.

  당신의 아들이 유독 팔팔 거리는 면서기들, 지서 순경들 쯤 죄다 꿇어앉히고 엄히 문초할 권세와 명예를 가지게 되리라고 예견하시는 어머니는, 세월이 흐르고 나면 당신의 학처럼 고고한 이 아들 또한 세상의 모든 사내들처럼, 대사성 간장약을 상습 복용하며, 납덩이 같은 삶의 무게에 주눅이 들어 까딱 까딱 삶의 길을 걸어가야 하는 범부(凡夫)에 지나지 않는다는 점을 간과하고 계신 듯했다. 하지만 그런 것은 문제가 아니었다. 오히려 세월이 흥청거림으로 유약함을 위장하고, 입시니 취업이니 전(戰)자를 붙혀 가는 단어가 늘어 갈수록, 이웃의 서슬이 퍼렇게 물들어 갈수록, 마누라가 실해야 한다는 건실 위주의 실용적 사고는 세태가 위장한 외유 내강(外柔 內剛)을 이미 간파하신 듯 철옹성이 되어가고 있었다. 어머니는 하영에게서 절망을 읽어내고 계신 듯했다. 그런 어머니에게 자비를 기대하기는 어려웠다. 그 차가우리만큼 단호함은 자식에 대한 맹목적인 사랑으로 무장되어 있었기 때문임을 나는 알고 있었다.

  일흔의 나이에도 억척을 보이시며 자식의 편함을 위해 노심초사하시는 어머니, 위아래 이 하나 성한 게 없어도 당신의 치아보다 아들의 방세를 물기 위해 품삯을 모으고 아들을 배웅하기 위해 버스 정류장까지 따라 나와서 버스가 남기고 간 차가운 바람 속에서 나무 끌텅이 같은 손을 흔드시던 내 어머니. 예순 해의 보릿고개와 서른 해의 시집살이와 그 긴 세월 외꽃 같은 자식 수발과, 당신의 표현대로 태평양 고래 같은, 쉰 해의 남편 술시중을 오직 인종으로, 사랑으로, 북소리처럼 우직하게 살아오신 늙으신 나의 어머니….

　'남 못간 대학'의 구성원이 된 뒤로, 나는 당시 소를 팔아서 가는 곳이 대학이라는 의미의 '우골탑(牛骨塔)'이 아니라, '부골탑(父骨塔)'이라 명명하며 부모님께 일말의 미안함을 표하곤 했다. 그러나 피 끓는 사회적 정의 실현도 젊은이로서는 피하기 힘든 시대였다. 부자나라를 위해 그 백성들의 목숨을 초개처럼 취급하는 현실은 쉽게 이해되지 않았다. 젊은이로서 일말의 양심은 그런 구조에 익숙해져서는 안 된다는 정도. 그래서 이리떼처럼 우르르 몰려갔다 몰려오는 데모대의 행렬에 참여한 시절, 스크럼을 짜고 시내를 뛰어 다니다 쫓기고 피하고 그러다 울분이 쌓이면 술기운에 거리로 나가 밤새 고래고래 소리를 지르기도 했다. 김광규의 '희미한 옛사랑의 그림자'를 떠올려 기성세대에 분노하기도 했으며 프란츠 파농을 끼고 술집에 들어서 '우리는 왜 작은 일에만 분노하는가'하며 김수영과 하나가 되었고 신동엽의 '솥뚜껑 같은 하늘'과 리영희의 형형한 눈빛을 떠 올리며 스스로 부끄러워 하곤 했다. 사회의 구조적 모순과 투쟁한다 하지만 기실은 우리의 내면에 자리 잡은 어떤 것들을 몰아내기 위해 그처럼 못견뎌했는지도 모른다. 그러나 그도 잠시였다. 흐르는 세월에 실려 그 날카롭게 빛나던 것들이 흐려진 때문인지, 혹은 조금씩이나마 진행되는 젊음의 퇴조에 기가 죽어서 였는지, 그 시절 내가 한 행동 중 최고의 변명은 매키한 최루탄을 피하며 줄곧 어머니의 당부를 잊지 않는 것이었다.

　'데몬가 뭔가 하다가 잽혀 가면 에미 애비 죽는다.'

그러나 일껏 나의 변명은 정의나 평등이나 평화 같은 가치가 아니라 약삭빠른 안전 제일주의를 벗어나지 못하고 있었음을 고백하지 않을 수 없다.

반도땅 대부분의 남녀 사이에 숨어 있는 묵계처럼, 나의 십여 번의 미팅과 하영의 첫 번째 미팅에서 우리는 만났다. 직장에 다니는 동창 녀석의 주선으로 이루어진 그 미팅도 또한 파한(破閑)의 도구쯤으로 생각하며 참석했었다. 그 미탕은 학벌이나 외모 등의 피상적 가치로 인격을 판단해서는 안된다는 정도의 시시껄렁한 생각을 가진 내게 운명처럼 하영을 만나게 해 주었다.

'윤하영', 뜻 밖에 동성(同姓)이었으나 이내 파평(坡平)과 남원(南原)으로 본이 다름을 확인하고는 느긋해진 것도 잠시, 여자가 방정치 못하게 미팅같은 델 쏘다니냐고 물어보았을 때 '유일 무이(唯一 無二)'와 '간곡한 청 때문에'라고 그녀는 대답했다. 그러나 안도감보다는 그간 치러 낸 십여 회의 내 방대한 '대하(大河)미팅'의 상대가 한결같이 여자뿐이었다는 생각에 슬며시 계면쩍은 생각이 들었다. 하영은 아늑한 새벽녘, 안개 속에 잠긴 호수 위의 백조처럼 유유했다. 그녀는 차분하고 조용하여 구조가 복잡한 소설의 전지적 작가와 같은 느낌을 주었다.

대학은, 그나마 알갱이가 부실한 옥수수처럼 들쭉날쭉한 학사 일정에다 교내 무슨 무슨 행사, 혹은 교수님들의 개별적인 사정 등으로 휴강이 많았다. 그럴 때마다, 카라얀의 초상화가 가당찮은 헤비메탈의 수모를 참지 못해 잠시 연주를 멈춘 듯한 자세로 정면에 걸려 있는, 도시의 한모서리에 자리 잡은 찻집과, 카페인을 반드시 흡수해야

하는 어떤 유전 인자를 가진 사람처럼 또 다른 커피숍을 전전하게 되었다. 그리고 낭만이라곤 도통 모르던 내가 최루탄 냄새가 이젠 지겨워 죽겠다는 듯 어줍지 않은 핑계를 대며 유독 들국화를 좋아한다는 하영의 비위를 위해 오랜 습성처럼 교외를 쏘다니기도 했다.

"꽃은 무슨! 날씨도 쌀쌀한데…"

어느 정도 확신을 가진 남자는 한번쯤 사랑에 대한 자신의 의무나 약속을 묵살해 보고 싶어 한다. 늦가을, 하마 이우는 들국화를 보고 싶어 하는 하영은 내말이 끝나기도 전에 예의 팔꿈치를 꺾어 내 등을 쳐 댔지만 그다지 아프지 않았다.

로맨스를 위해서라면 요단강이라도 건너겠다는 약속을 받아 낸 후에야 득의 만면한 하영은 이 속된 젊은이를 앞세워 곤색산 근처 강둑에 도착해서는 결국 눈물 두어 방울 섞어 장부의 마음을 흔들어 놓았다.

이 여자에 대한 사랑은, 내가 평생 경험하지 못한 순정의 발현이라는 확신을 주는 점이 있었다. 보편적으로 유복(裕福)했던 하영의 집안은 하영이 고등학교에 막 입학했을 때 금이 가기 시작했다 한다. 유복이랬자 아버지의 직장과 양친의 건강 정도로 서술될 수 있을 만큼 소박한 것이었지만, 막 세상을 향해 눈을 뜨던 하영에게 그것은 천금 같은 행복이었다. 그러나 선하기만 하던 아버지는 흔한 사기에 어처구니없이 걸려들고, 각본대로 아버지는 망하고, 술병이 나고, 견디다 못한 어머니는 어린 남동생만을 데리고 집을 나가고, 그사이 아버지 역시 집을 나간 후 생사를 알 수 없었고 가까스로 고등학교를

졸업한 하영이 취직을 한 뒤 백방으로 수소문해 보아도 어머니는 나타나지 않았다

"추억의 언덕에서 망향의 손짓하던 아, 들국화야,"

4분 음표와 16분 음표 한 묶음이 어우러져 하영의 입으로부터 창백한 가을 하늘로 쏟아졌다. 강을 따라 나선 언덕에 듬성듬성 핀 들국화를 보면서 하영은 산기(酸氣)를 맛본 리트머스 시험지처럼 상기되어 좋아하였다. 옛날 이 땅의 산은 황폐하기 그지없었다. 나무가 없으면 흙이 물에 쓸리고 그처럼 강바닥이 높아진다던가? 아주 오래 전부터 진행된 퇴적작용을 거쳐 천정천이 되어 버린 강은, 가장자리에서 모래가 양쪽으로 강물을 나누어 놓았다가 아득한 곳에서 가까스로 한줄기를 이루고 있었다. 아니 어쩌면 그것은 우리의 바람일 뿐, 영원히 한 줄기를 이루지 못하고 마는지도 모를 일이다. 하영은 이 꽃 저 꽃의 향기를 맡으며 막 부화된 노랑나비가 되어 훨훨 날아다녔다. 갸웃갸웃 곤색산을 넘어 서편으로 기울어 가는 햇살을 받아, 반짝반짝 빛을 발하는 강물은, 아침이면 금가루로 몸을 장식했다가 해가 지면 다시 금가루를 물로 씻어 낸다는, 황금의 나라 엘도라도의 강을 연상케 했다.

"다시 태어날 수 있다면 들국화가 좋겠어요,"

멀리 고속도로를 달리는 차들의 질주음속에 이따금 클랙션 소리가 섞여 들려 오고 하영은 좀체 감상(感傷)을 끝내질 못하고 있었다. 하영의 속눈썹에 짙게 드리워진 행려병자다운 그림자는, 자신 알 수 없는 먼 곳으로부터 이곳에 도착했고 어쩌면 우리가 자의(自意)로 어느

쪽으로 흘러가리라 상상한, 강물의 행선과 일치하고 있었다.

졸업 즈음해서 어머니의 극성은 고삐를 늦추지 않았다. 하영은 눈만 멀뚱멀뚱 뜬 채 나와 어머니의 담판을 기다리는지 마는지, 이운 꽃잎처럼 나약해져 있었다. 내게 일말의 책임을 추궁하지도 않았고 어머니의 선택을 위해 기교도 부리려 하지 않았다. 어쩌다 맥주라도 한잔 마시면 낙화암에 끌려가는 궁녀의 표정을 지을 뿐 자신의 지극히 현대적인 외양과, 무연고라는 천형(天刑), 그리고 '본이 다른 동성'이라는 '같지 않은 죄'가 우리들 사이에 거대한 강을 만들고 있음을, 다만 말하지 않음으로써 곰곰 누르고 다지고 있었다. 하영은 그 점, 그러니까 여자의 가문을 따지고 엉덩이의 실팍함을 들먹이는, 이미 백여 년 전에 몰락의 일로에 들어선 가문의 어머니를 탓하지 않았고 대학 교육까지 받고서도 순박한 촌로하나 설득시키지 못하는 나의 용렬함을 탓하지 않았다. 그러나 그녀의 숙명적 기질은 우리 사이에 계절의 끝처럼 천천히 이별의 그림자를 드리우고 있었다.

친구들은 모두들 풀잎 같은 하영을 두둔하고, 따라서 부모님을 설득하는 게 순리이며 그중 어떤 친구는 여의치 않을 경우 우선 일을 저지르고 볼 일이라고 평소 구경꾼1,2 같지 않은 관심을 보여 주기도 했다. 어떤 친구는 평소 근엄 자약한 내가 가진 몇 개의 비밀을 언젠가 결혼 후에 내 아내가 누가 되든지 쳐들어가 다 까발리고 말리라고 으름장을 놓기도 했다. 더구나 하영과의 만남을 주선했던 친구는 밀가루 반죽같이 흐물거리는 내게 간혹 짜증을 부리기도 했다.

"이 지질이도 못난 놈아, 자식 이기는 부모가 광명 천지에 어디 있다든?"

"살림이라도 차리고 애라도 낳으면 어떡하시겠니?"

하기는 살아가면서 그런 책임하나 못 진다면 대학은 나와 어디에 쓰느냐는 그들의 말에는 딱히 할 말도 없었다.

천신만고 끝이긴 하지만, 어머니의 표현에 의하면 '손해 보는 셈치고' 중견 건설 회사의 책상 하나를 차지한 직후부터 어머니의 극성은 더욱 득세였고 묘한 함수로 운명 지워진 하영은 영양실조처럼 푸석해진 모습을 어울리지 않는 짙은 화장으로 감추고 어디론가 떠났다.

쓸쓸함은 형체조차 없는 감상의 유치한 발로(發露)일 뿐, 엄밀히 따져 고독이란 허울 좋은 한낱의 추상 명사에 불과할는지도 모른다. 하영은 한동안 행방이 묘연했다. 부평초가 되어 그렇게 먼 곳을 떠돌면서 낙엽 같은 엽신들을 간간이 보내 왔다.

'언젠가 같이 보낸 언덕을 생각해요, 엘도라도의 전설도 떠오르고 들국화 잎을 띄어 보낸 강물도 생각납니다.'
'아는 문구들을 다 떠올려 보아요, 헤어짐은 꽃잎들이 땅에 떨어지는 정도 일거라고 생각하기도 하구요.'
'어디에선가 같은 땅에 씨를 묻으면 같이 피어 날 수 있을 거예요.'

그렇게 하영은 작은 몸부림만을 보내 왔다. 나로서는 손조차 쓸 수 없는 곳에서…

마지못해 시골로 떠나는 듯한 인상의 아내는, 그나마 내가 미덥지조차 않은 듯 양말은 요기, 넥타이는 조기, 와이셔츠는 조기, This is a desk, That is a chair, 조목조목 세심한 생활양식을 내게 일깨우느라 늦장을 부리고 있었다.

"댁에 들어가기 전에 읍내 최약방에 들러, 그리고 차비는…"

아내는 나의 이 지극한 정의(情義)와 막대한 자상함에 지구의 모든 중력이 일시에 한 곳에 모인 듯 감격해야 했음에도 불구하고 '쯔쯔쯔' 모르스 부호 같은 소리로 화답했다.

"차비도 없이 시골엘 가는 얼간이하고 사느라 고생이 어련하시겠어요."

아내는 달려가야 한다고 말했다. 한 치도 양보해서도, 물러서서도 안된다고 한다. 눈치 보지 말고 씽씽거려야만 애저녁에 집도 절도 마련할 수 있다고. 주춤거리고 미적거리다간 쥐도 새도 모르게 낙오되어 있으리라던 아내는 자신의 세상에 대한 자세에 비추어 볼 때, 타이틀에 도전하는 가난한 복서의 로드웍 길을 자가용 승용차에 올라 탄 채 지도하는 코치와 같은 인상을 주었다. 그러나 결국 그런 일상적 경고는 간혹 나의 손과 지갑과의 거리를 유리시키는 구실을 해냈을 뿐이었다. 뒤돌아 볼 시간조차 없이 내쳐 달려야 한다는 아내의 주문에, 늘 대안 없이 어물쩡거리며 과단성 없는 나는 과거에 길들여져 살아오고 있을 따름이다. 나는 과거가 공존하는 삶의 터전에 퍼질러진 쇠똥처럼 물렁하게만 살아갈 뿐이었다. 하긴 그런 내가 결혼 3년 만에 채광이 좋은 아파트를 마련하고도 빚지지 않을 수 있었던 것, 그리하여 각종의 문명의 이기들로부터 편리함을 얻는 호사스러움이 모두 아내의 용의 주도한 전략 덕택이라는 점은 끝내 무시할 수

없을 것 같다. 아니 어쩌면 그것은 근본적으로 어머니의 선택이었는
지도 모른다. 도무지 월급 다음날이면 먼지가 풀풀나게 은행이다 증
권이다 쏘다니면서도, 아내는 한 달의 생활을 요령 있게 엮어 나가고
있었다. 처가 쪽에서 수월치 않게 비자금이 흘러든다는 일설을 뒷받
침이라도 하듯…, 아마 그런 점에 대한 내 친구들의 배려였을까? 극
구 하영을 두둔하던 내 친구들은 막상 결혼 발표를 하자 과거지사에
대해선 일체 함구를 약속한 듯, 한 녀석도 빠지지 않고 내 아내의 집
엘 쳐들어가 씩씩하게 함을 팔아 주었다. 초유의 함값을 받아 냈다는
친구들은 엄지손가락 하나씩을 펴 들고 나와 성(姓)이 다르며 허리와
엉덩이가 튼튼한 신부의 신혼 길을 배웅해 주었다.

하영은 바람 냄새를 가득 담고 돌아 왔다. 나는 그의 엉성해 보이
는 모습이 흡사 골인 지점에 도착한 마라톤 주자의 모습과 비슷하다
고 생각했다. 그러나 그녀는 신변 정리를 위해 돌아왔음을 감추지 않
았다. 그리고 스스로 출발선에 선 주자의 모습 일거라고 수정하며 억
지로 웃었다.

"우리 애를 가지면 어떨까? 그토록 손주가 보고 싶어 하시는데, 그
러면 이해해 주실 지도 모르지."

세월에 기대어 어물쩍 넘길 수도 있을지 모르리라 생각한 나의 어
두운 계산속은, 십여 년 단련된 어머니의 성화가 아버지의 노환이라
는 쟁쟁한 무기까지 업고 나서자 속수무책이었다. 다급한 틈을 타 아
이를 가지게 된다면 부모님도 결국 허락하실 지도 모른다는 생각을
전해보았지만, 하영은 생명을 수단으로 부모를 협박하는 것은 오히
려 못할 짓이라고 완강히 거절했다. 오히려 그녀의 부평초 역할은 일

을 더욱 어렵게 만들고 있었다. 불안은 고등 가치에 대한 욕망보다 하등 가치에 대한 욕망에서 비롯된 적이 많다. 내 불안이 내 곁을 떠나갈지도 모른다는 이른바 이별이라는 고상한 절차에서 생긴 것이라면 그것은 온당한 표현일 수가 없다. 지금까지의 하영의 숙명적 태도에 비춰 보건대 사랑 따위는 접어 둔 채 젊은 날 한 때 사랑을 추억하며, 혹은 원망하며 빛바랜 고목처럼 노처녀로 늙어 갈지도 모른다. 그런 정도의 하등적 생각이 나를 불안하게 한다는 표현이 옳지 않을까.

같이했던 것들로부터 떠난다는 것은 결코 쉬운 일이 아닐 것이다. 가족과 사랑과 친구와 애완동물과 정든 거리와 익숙한 연민과 동정으로부터 기약조차 없이 떠난다는 것이 얼마나 잔혹한 일인지 상상할 수 있다면 아무리 억센 인간일지라도 이별을 꿈꾸지 않으리라. 떠나고 만나는 것이 불안이나 기쁨이라면 그 숱한 기쁨과 슬픔을 연약한 인간의 가슴으로 어찌 다 치루고 살아 갈 수 있을까? 그럼에도 우리는 만나고 또 다반사로 헤어진다. 이별을 꿈꾸는 사람들은 그저 잠시 떠나는 것과 기약 없는 떠남의 차이가 상상도 할 수 없을 만큼 크다는 것을 알지 못하는 것이 아닐까?

매달리지 않았다. 하영은 그 점에서 궁색을 떨지 않았다. 그것이 오히려 내게 무서우리 만큼의 신념으로 다가왔지만 그것조차도 종국엔 하영의 삶이란 다만 잘 다듬어진 서정시와 같은 것이었노라고 회상하는데 도움을 주었을 뿐이었다.

"너무 고상한 척하지마, 한번쯤 화도 내보고 책임도 묻고 해 봐."

술이 벌겋게 달아오른 내 옆구리에 느슨하게 붙어 앉아 하영은 가능하면 내 이야기를 줄이기 위해 노력했지만, 오히려 나는 오리가 안개 속이었다.

"쉬쉬하지만 말고 말 좀 해봐, 매달려야 되는 거 아냐!"

우악스럽게 붙잡지 못하는 나약한 나 자신에 대한 불만을 스스로 표현하고 있었다. 아니면 떠나는 것만이 최선이라는 듯 한사코 떠나려고만 하는 하영에 대한 불만의 표시에서 였는지 그렇게 횡설 수설하며 시간은 사위어 가고 있었다.

"감사의 표시예요. 그동안 날 지켜 주신 …"

내가 술이 깼을 때, 밤새 베갯머리를 지킨 흔적이 역력한 하영의 말이었다. 무얼 지켜 주었을까? 무형의 그 무엇을 그렇게도 살뜰히 지켜 주었길래 감사를 이처럼 정성껏 해 주었을까? 추억 속에 사는 그녀의 고집은 열 오른 포장도로를 터벅터벅 걸어가는 여행자의 모습과, 시종 눈을 감고 노래하는 이름 없는 가수와 바람 속에서 갈 길을 멈추고 오래 돌아서 있던 여인의 옷자락을 내게 연상시켜 주었다.

'꿈에 자주 들국화가 되곤 합니다. 우리가 아직 들국화였을 때, 퇴색한 빛들이 다가와 조금씩 키워 내던 향기와, 그때 줄지어 선 내 잎들의 설렘, 언덕배기에 수줍은 뿌릴 들먹이며 부르던 이슬과 별과 바람의 노래. 기억하시는 지요, 무심한 바람에 더욱 가슴 조이면, 더 진한 향기를 지닐 수 있으리라던 우리 홀씨들의 아련한 전설을, 나비와 개미와 꿀벌을 모아 강둑을 따라 나서면 제일 먼저 물을 만나고 그곳

에서 추던 우리들의 해사한 춤을.'

　나의 결혼이 결정된 뒤 마지막이라 생각되는 그녀와의 만남. 바람
의 전용 통로가 되어 버린 외진 골목 끝에서 하영은 몸서리치는 마지
막 겨울의 쓸쓸함을 뒤로한 채 떠나갔다. 날씨는 어떤 사상을 빙자하
여 꼭 그런 자세로 스산하였고 페인트의 색이 바랜 시멘트 건물과,
바람에 날리는 종이 조각들, 아무렇게나 놓인 돌멩이들이 온통 의미
없음의 외침으로 전형적인 빈촌의 구도를 잡고 있었으며, 제각기 감
상(感傷)의 소도구 역할에 몰두하고 있었다. 그녀가 전해준 마지막
편지는 이렇게 마쳐졌다.

　'어머니는 인생의 전부를 당신에게 바쳤어요. 이젠 당신도 드릴 수
있는 최소한의 것을 드릴 차례예요'

　그토록 고르고 골라 출산의 갖가지 조건에 부합되는, 허리와 엉덩
이에 중점을 두고 집안까지 실팍한 쪽으로 선택된 아내는, 대학 시
절, 유명 상표에 인이 배길 만큼 담대한 여자임을 입증할 수 있게 세
련되어 있었다. 그러나 아내는 어머니의 간곡한 당부도 멀리한 채,
결혼 직후 쉽게 잉태했을지도 모르는 상황을 고의로 지연시키고 있
었다. 가세의 확장을 위해서도 당분간 아이는 귀치 않은 존재일 뿐
아니라 마음만 먹으면 언제나 낳을 수 있을 것을 그리 서두를 이유
가 없다는 것이었는데, 그러므로 어머니에게 사무치는 손주는 차후
로 미루어져 온 셈이었다. 나로서는 아내가 결혼 후 다짜고짜 애를
잉태, 분만해대는 야만적 행위를 저지르지 않을 것이라는 점을 이해
못할 바도 아니었다. 급기야 두 해를 그냥 넘기고 나서야 어머니께서
손수 지어주시는 약재에 입을 댔다. 그리고 친구들에게 주어들은 타

이밍 맞추기, 새끼발가락에 힘주기, 왼쪽으로 올라가 오른쪽으로 떨어지기, 물구나무서기 등등 가임(可姙)을 위한 모든 민간요법에도 관심을 가지기 시작했다. 그럼에도 불구하고 결혼 세 돌을 쓸쓸하게 넘기며, 기골 장대한 사내 아이는 커니와 흔한 딸 하나 생산하지 못함으로써 아내는 어머니의 발등에 믿는 도끼가 되어 가고 있었다. 근간에 아내는 툭하면 내게 산부인과(産婦人科) 동행을 재삼 요구하게 되었지만 회사일의 핑계도 핑계려니와 점잖은 몸이, 일 저지른 불량 청소년처럼 썩 산부인과에 들어서기란 애시 당초 켕기는 데가 있음을 부인할 수 없었다. 게다가 어머니와 아내에 대한 내 원망성 불만은 더욱 산부인과(産婦人科) 행을 지연시키고 있었다.

아내는 수화기에 대고 신경질을 부리고 있었다.

"내일 참석 못하게 되었어, 하필이면 이런 때 시어머님이 편찮으신가 봐."

별스럽게 가시 담긴 어투는 아니지만 노상 그런 속에서 살아가는 자신의 불행을 알아나 달라는 듯이 아내는 늦은 시간임에도 불구하고 이곳 저곳에 전화질이었다. 시부모에게 한번 가는 것이, 처남 처제는 물론 장인 장모의 생신이니, 여행이니, 아내보다 먼저 입에 올려 본 적 없는 이 대범한 사위에 대한 시위 그 자체였다.

"이번에 또 아들 타령하면 뭐라고 대답해요? 진즉 병원을 가 봤어야 할 말이라도 있지…"

아내는 심지어 시험관 아기를 입에 올릴 정도로 아이에 열의를 보이고 있었다. 아내는 이제야 잘 알게 되었을 것이다. 피부의 탄력 유지를 위해서 였는지 가정의 치부(致富)를 위해선지, 까다로운 타자를 걸러 내는 투수처럼 계속 임신을 피해 버리고, 이제 그것이 얼마나 팀의 사기를 저하시켜 버렸으며 우리의 감독에게 얼마나 아슬한 심리적 괴로움을 주고 있는지… 시집온 지 십 수 년 만에 소박의 벼랑 끝에서 구사일생으로 얻은 천상천하 윤씨 장손인 내가, 필요하다면 영양제가 아니라 용뿔이라도 고아 먹여서 아이를 잉태함이 천만 가당한 일이며 수태의 징후가 보이면 황금 알을 낳는 닭처럼 배를 갈라서라도 한시 바삐 우리의 노부부에게 손자를 선물해야 함을….

그리고 아내는 모르고 있으리라 이 영용(英勇)하신 남편이 결혼 전에 가진 로맨스와, 그때 윤씨 종손을 범죄처럼 계획했던 사건을. 그러나 장모님의, 초조(初潮)시 서답 몇 번 갈아준 경험을 토대로 한 '내 딸 이상무'에 토를 달고 나설 수는 없었다. 그것은 그나마 최근 아내가 제기하고 나선 시험관 아이의 꿈마저 무산시키는, 가정 파괴범이 될 것이며 이 땅 무수한 불임 가정 중 더욱 불행히도 이혼을 실행하는 가정이 될지도 모르기 때문이다. 무엇보다, 아내의 가공(可恐)할 피임을 죽음으로 막지 못한 불효막심한 행위에 대한 부모님의 염려와 문초가 지엄하리라는 점에 대한 나의 세심한 배려와 갈등을 알 턱이 없었다.

마누라가 없는 집에서 이완된 긴장 탓인지, 첫날부터 기겁을 하고 일어나야 했다. 전화 벨이 예닐곱번 울리고 나서야 입에 물고 있던 칫솔을 세면대 위에 놓고 수화기를 들었다.

"지금이 몇 신데 아직까지 집에서 얼쩡거리고 있어? 마누라 없다더니 어제 딴 짓 한 거 아냐? 이선비 상판 생각 좀 해야지."

사장의 조카뻘 되는 이부장은 자의식이 강하여 너그럽지 못하고 얼굴은 습자지처럼 창백해 보였다. 우리는 간부사원을 모두 선비라 부르며 키득거리고 있었다. 이선비, 김선비, 박선비.

　선진국의 문턱에서 우리는 심히 터덜거리고 있다. 회사 경영진의 구성과 운영 방식, 의사 소통과 결재 방식까지도 고리타분한 옛 시스템을 고집하면서 필연적으로 경직되고 움츠러드는 회사는, 입사 동기 최(崔)의 말대로 헐레벌떡 무언가에 끌려 다니는 영락없는 '촌놈'이었다. 어쩌면 가정과 일터, 어디에서건 소위 선비들에 둘러싸여 살아가는 나야말로 촌놈들의 졸개일지도 모른다.

　모르는 사람들과 가슴을 맞대고 살아가는 동안 우리는 일용할 양식을 위해 한들거리는 들국화 사이를 곧장 지나쳐야 하고 철골의 칙칙한 구조물 사이에 처박혀 깔딱거려야 하는 이 답답하고 기막힌 세상에서 언제쯤 벗어날 수 있을까? 전화기를 들고 목소리가 머리끝까지 경직되어 '영업부 윤입니다'를 가까스로 뱉고 나면 나의 살이에 대한 의욕과 그리고 미래에 대한 어렴풋한 기대조차 오래전에 태어났어야 할 윤씨의 종손처럼 뉘엿뉘엿 강둑으로 넘어가고 만다.

　아내의 전화에 의하면 어머님의 병환은 크게 염려할 만큼은 아니라고 한다. 가뜩 소리를 죽여 말하는 것으로 미루어 보건대 손주 재촉 삼아 칭병(稱病)을 하신 것 같다. 그러나 이 외아들을 결혼시키고도 한사코 떨어져 살아야 피차 마음 편하다고 고집하시는 어머니를 위해 며칠 더 머물다 올라오라고 말했다. 한시라도 이곳에 빨리 올라오고 싶어하는 지각없는 아내는 차갑게 전화를 끊어 버렸다. 전화기는 끝내 불임의 아내와 건강한 남편과의 대화를 온전히 유지 시켜 주진 못했지만 당신이 선택하신 며느리의 불임을 지켜보는 어머니의 불안과 안타까움을 무엇보다 확실히 전해 주었다.

　"들국화 피었겠네. 주말에 곤색산 계곡에 한 번 가볼까?"

"한가하기도 하시지. 꽃구경할 기운이 남았어요? 졸다 말고 무슨 잠꼬대 같은 소릴…"

치열한 전장에서 살아 돌아온 전사처럼, 언젠가 그 전장에 다시 가보고 싶은 욕망이 들곤 했다. 곤색산 근처 강둑은 가보고 싶은 리스트의 맨 윗자리에 늘 있었다. 아내에게 넌지시 말을 꺼냈다가 짜증 섞인 말을 들었다. 하기사 아내의 생각에 고작 근교의 강둑이니 야외니 하는 소리가 뜬금없고 가당치 않았겠지만 아내의 거부가 나의 정서에 끼친 그 반작용은 일상이었다. 어쩌다 꼭 바람처럼 그 옛날 하영과 나란히 거닐던 강둑을 찾은 기억이 난다. 그리고 그곳에서 바람을 맞으며 천천히 하늘거리는 들국화 한 무리를 보았다.

바람에 꽃 잎 하나를 달랑거리는 들국화는 시든 개망초와 여윈 구절초 사이에서 작게 흔들리고 있었다.

서예 書藝

매산에 올라 봄날을
돌아보니 무리진 꽃들이
하늘에 순응하고 팔마비와
난봉산 사이 동천으로
따뜻한 빛이 흐르네

약무부활 오하가련
– 만약 부활이 없다면
우리는 얼마나
가련한 존재인가

산으로 먹거리를 구하자니 달의 모공이
뚜렷해졌다 잎의 날숨을 들을 수 있으며
들꽃의 용의 주도 한 호흡들림을 눈치 챘다
문을 나서면지 체험이 이슬이 바지끝을
적신다 다시 장이 멀고 차가 없어 도개의 할
일이 없다 병원과 약국은 노파심에 불과
한 것도 조신한 하루가 더디 흘러간다 바람
과 새라 일락이 비개수묘에서 만나는 석양
우리는 무심하게 집으로 돌아간다
무심한 인생 ○ 이천이신삼년여름산두수양학식

사람들은 세간의 외로움을 모르고 선생
처럼 소나무를 그리려 한다 그러나 나는
가진 것이 너무 많아 세간도 내 그림이 두

夏 미루나 뭑릴구를라도백
사장이 딱거들신썰에러오른
퍼바라기그리고지궁은덥리
사라진잇즉이하얀서성이는써들

冬작동하는법칙의씃듣걸
과눈운등하여아뇌도눈엾인
길을찾을노엾나느린시간낫
운지뭇으로그꾀한엱이오라

秋샅아왔을뻗녁딧히면됳
글고누르면가라앉고이내하
런게질을저리놁게토헤버리

春버나비쏘아놓고꽃이라
리흘날리면한슡밖으로도망
나온오간한홍뼈꾁가와뱃비
둘기가이토록진핱힐인가

何義益 벗이있어 績棊盟 좋은듯수
庚子秋筆盖柱世山洞樹 梁塵蕭 作正

세상에
이로움이   번성을지나
무엇인가   욱하려

숨쳐과   먼이냐   신념을   고로나
리지굉을 아야갯   가을세상에 산으로
홀아모   기에욱김   이후   앙막식이는
        웅겨디   나지고지   쯔막걸뤘
        나가리

산으로먹거리를구하자 니 달의모공이
뚜렷해졌다 잎의 날숨을들을수있으며
들꽃의옹의주도 한흔들림을눈치챘다
문을나서면지체없이 이슬이바지끝을
적신다시장이멀고차가없어도개의할
일이없다 병원과약국은 노파심에불과
한것조신한하루가더디흘러간다 바람
과새라일락이비갠숲에서만나는석양
우리는무심하게집으로돌아간다

무심한인생 이천이십삼년여름산동수양학식

꿈을꾸고 노래하고

숨을쉬라

이천이십삼년여름산동수양학식

기억記憶과
사진寫眞

할아버지
양진모(梁軫模,允鎬 1896.08.21.~1973.06.09.)
부모님
양해근(梁海根 1929.06.24.~1995.06.24.)
유윤례(柳潤禮 1933.09.24.~2006.09.23.)
부모님의 여행

일본에서 어머니에게 보내오신
유일한 외할아버지 사진
아버지 회갑날

어릴적 삼남매   교사 초년 시절 진입로에서
아들 결혼식   정년을 앞두고 현관에서

고향 마을과 고향 집

돌무럽과 평생 명함 사진

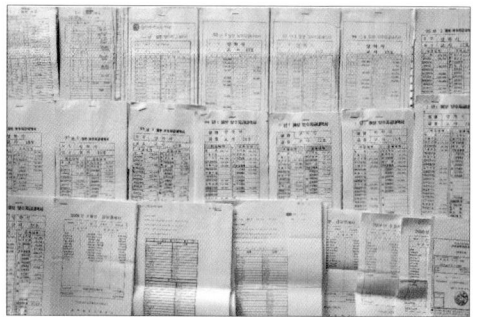

제작하여 사용한 논술교재와 보충 교재들,
대학때 제작한 동아리 시집
교무수첩 모음(1989년 ~ 2023년)
월급봉투와 명세서 모음

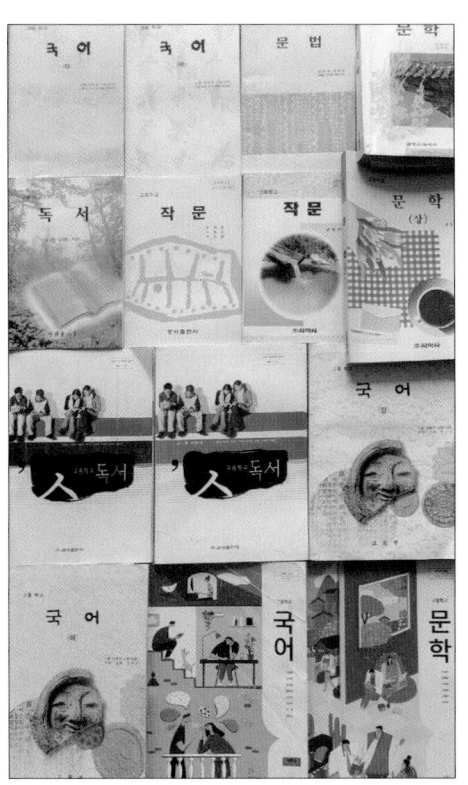

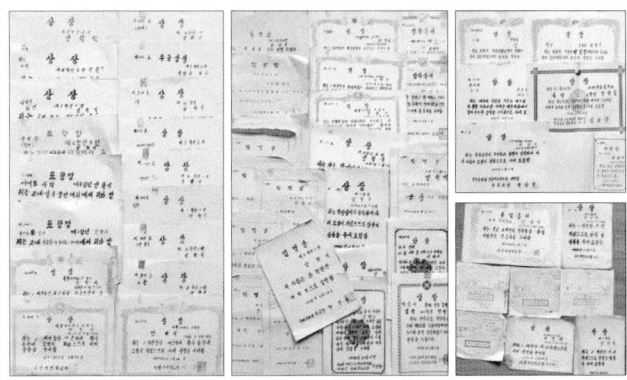

교직 내내 사용한 교재들
상장 및 임명장

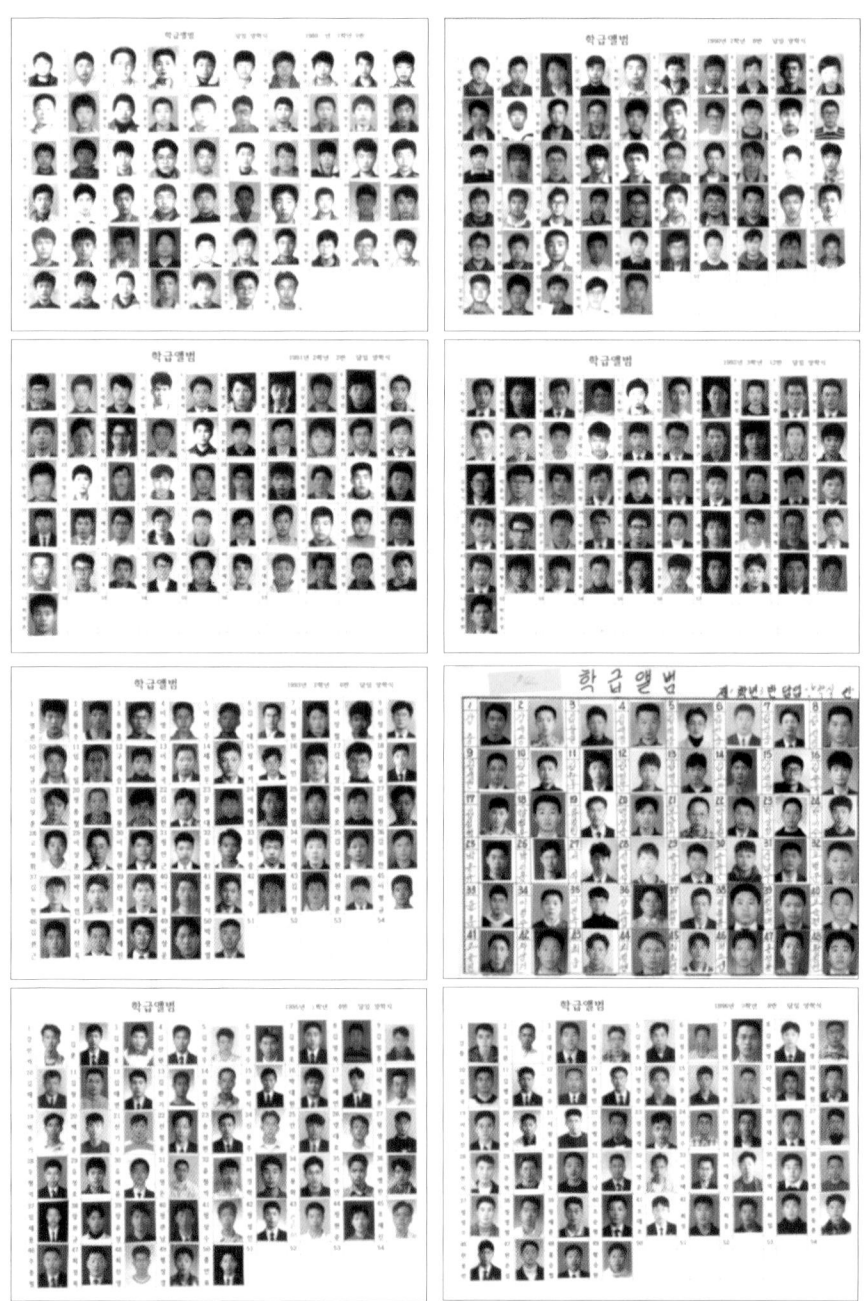

학급 앨범 선제(1989년~2022년)

학급 앨범 전체(1989년~2022년)

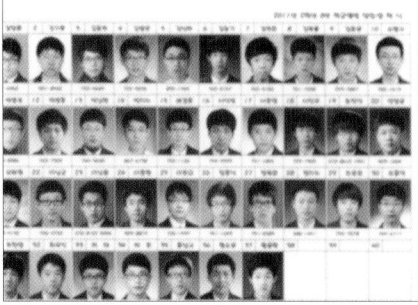

학급 앨범 전체(1989년~2022년)

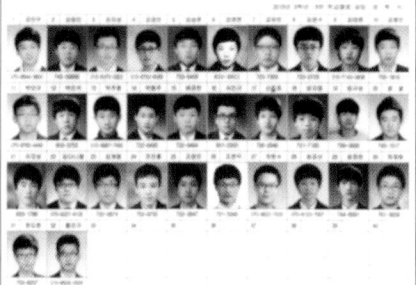
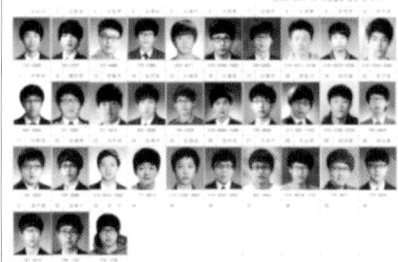

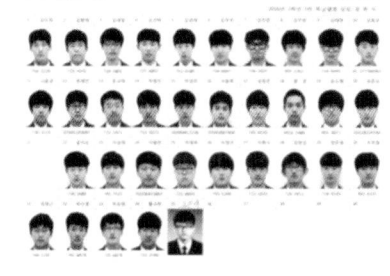

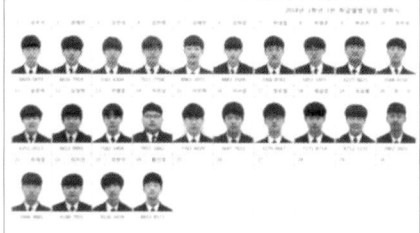
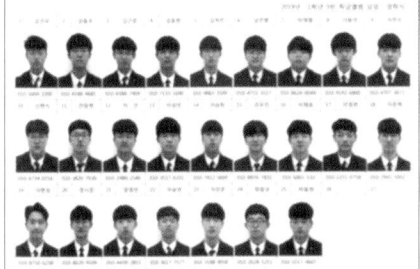
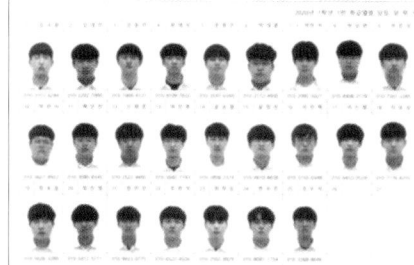

학급 앨범 전체(1989년~2022년)

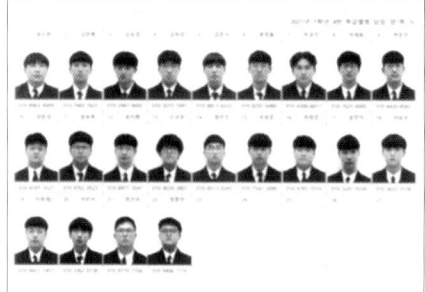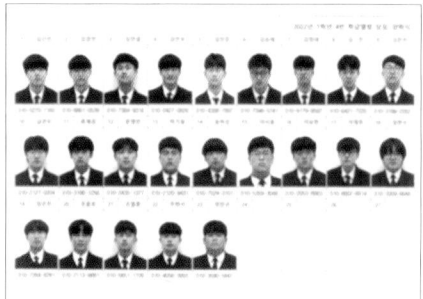

학급 앨범 전체(1989년~2022년)

에필로그

나가는 말

먼저 감사의 인사로 시작하겠습니다. 우리가 고라복이라 부르는 코잇선교사는 사우스캐롤라이나에서 1910년대에 어린 아이를 데리고 이 나라에 왔습니다. 그의 어린 두 아이와 크레인 선교사의 두 아이는 순천에서 풍토병을 얻어 한두 살의 나이로 죽어갔습니다. 그러나 선교사들은 신념을 버리지 않았습니다. 그들의 신념과 아픔에 대해 생각하다가 저는 다소 엉뚱한 상상을 해 보았습니다. 우리는 오래, 여러 이유로 많은 분들에게 감사를 드렸지만 사우스캐롤라이나의 따가운 햇볕을 등에 지고 목화를 따던 흑인 노예들에 대한 감사는 없었습니다. 그들이 흘린 피땀은 고스란히 돈으로 바꾸어져 조선의 선교사들에게 전해졌고 지금 이 매산등과 조선에 면면히 흐르고 있습니다. 그 돈에 대해 조금만 인간적으로 생각해보면 틀림없이 흑인노예들의 건강이나 그들의 주린 배를 달래는 데 쓰여야 할 것이었습니다. 저는 지금 알렉스 헤일리와 함께 그들 쿤타킨테들의 삶과 희생에 깊은 위로와 감사를 드리고 싶습니다.

우리는 이 학교의 두 차례의 폐교에 대해서 기억하지만 이 교정에는 부인할 수 없는 친일의 흔적도 있습니다. 그러나 한 개인의 공과 보다는 혹독했던 일제 강점기에 두 번이나 폐교를 하고서도 학교를 유지하고 발전시켜온 선배들이 있음을 감사합니다.

부임 첫날 막연하게 1학년 5반 교실로 들어가며 무엇을 어떻게 해야 할지 몰라 당황하던 1989년 3월 2일이 기억납니다. 그러나 이내 수업과 행정의 모든 면에서 부족하고 성정이 거친 교사를 지도하고 지켜 주신 선배교사들께 감사드립니다. 어리버리한 신임교사가 많은 시행착오를 하는 과정에서도 따뜻이 감싸주셨던 그분들은 대부분 세월을 따라 소천당하셨거나 순천에 안 계십니다.

네 번째는 욕심 많고 유독 고집 센 교사를 인내해준 학생들에게 감사를 드립니다. 36년의 교직생활 중 첫해부터 34년간 쉼 없이 담임을 해왔습니다. 그 때 언어나 물리적인 면에서 강제성에 기반한 교육을 퍼붓던 교사가 '그 때는 그런 시대였으니 이해해 달라'는 시시한 말로 용서를 구하며 제자들에게 감사를 표하기 위해 그간 모아온 제 반의 모든 학생들 사진을 보았습니다.

그리고 여러분입니다. 요 근래 2년은 비담임을 해왔습니다. 늙어서 무력하기 보다는 담임을 하지 않으니 무신경하고 이기적인 모습으로 비칠까봐 가능하면 바쁘게 살아가시는 선생님들께 노출되지 않으려 노력했습니다. 그럼에도 웃으며 살갑게 인사해 주시고 저희가 나이라는 한국적 폭력으로 빼앗은 시간을 구자명처럼 인내하며 배려해 주신 선생님들에게 참 감사합니다.

저는 9명의 지도자를 경험했습니다. 어떤 교장 선생님은 자신의 집에서 단감을 따서 야간 자습을 하던 교사들에게 나누어 주던 분도 있었습니다. 어떤 분은 유난히 말씀이 많아 교무실에 찾아와 아무나 잡고 한참을 수다를 떨던 분도 있었습니다. 운동을 유난히 좋아하여 친목대회를 활성화 시켰던 분도 있었고, 성격은 전제적이었지만 대범하게 문을 열어서 학교를 개방시키셨던 분, 도 교육청이 금지하여 시행하기 곤란한 일도 '교장인 내가 책임질 테니 교사와 학생들에게 유리한 일을 하라'던 분도 있었습니다. 자신에게 다가올 책임이 무서워서 작은 일도 회의를 부쳐 놓고, 형식은 회의이지만 주로 자신의 주장을 관철해 버리는 분도 있었고, 교감에게 자신과 의견이 다른 교사의 수업에 들어가 감독하라며 복수를 하는 한심한 분도 있었습니다. 아부처럼 느껴지는 소리가 많으니 자주 와서 바른 말을 해달라더니 왜 잘못한 것만 말하느냐고 역정을 내는 어리둥절한 분도 있었습니다. 그러나 누가 되었든 이렇게 자기주장이 강하고 고집이 센 저에게 행정처분 한 번 없이 정년하게 하였으니 감사한 일입니다.

그리고 마지막으로는 여러분이 아시는 그 분이십니다. 오래 기도했으니 제가 얼마나 감사하는 줄 아실 겁니다.

1960년대 서울의 한 사립학교 설립자이자 교장은 신임교사를 처음 소개할 때, 그때는 드물었다는 자가용차로 신임교사를 태워서 직접 학교로 출근시켰다고 합니다. 그리고 운동장까지 와서 손수 차의 문을 열고 단상에 올려 소개 했습니다. 그렇게 교사들을 존중하고 배려했다는 것입니다. 그 학교가 서울 최고의 명문 사학이 된 것은 당연한 일이었습니다. 사랑은 말로 하는 것이 아니라 행동으로 하는 것이라고 바울선생이 그토록 웅변해도 우리는 예수님이 목숨으로 지켜낸 사랑의 가치를 우스꽝스러운 것으로 만들어 버리고 있지 않은지 돌아보아야 합니다. 저는 실천은 못하면서 차마 말로만 사랑할 수 없어서 지금껏 사랑한다는 말을 아끼며 살아 왔습니다. 우리가 익히 아는 가사 관동별곡에 보면 강원도 도지사 격인 작가는 관동지방의 절경을 백성들에게 먼저 보여주고 그 후에 신선과 함께 즐기고 싶다고 노래합니다. 그런데 오늘날 권력 있는 사람들은 구성원들이 부러워하고 선망하는 것들을 자기가 차지하고도 어쩔 수 없었다고 핑계를 대며 구성원들을 실망시키는 일이 많아 안타깝습니다.

구성원들은 권력 있는 사람들에게 쓴소리보다는 단소리를 하려하고 그렇게 길들여진 지도자는 초심을 잃어버린 분도 경험했습니다. 젊은 시절 일주일 중의 이틀은 야간자습, 이틀은 특별수업, 하루는 수요예배를 드리고 토요일도 한 달에 몇 번은 오후까지 자습지도를 하곤 했습니다. 밤 열시에 학교에 나와서 장학반 자율학습을 지도하고 11시 반에 퇴근한 몇 년도 있었습니다. 가정은 뒷전일 수밖에 없었습니다. 그 와중에 지금의 교장선생님이 기도모임을 만들자고 해서 뭣 모르고 참여했습니다. 기도가 끝나니 저녁밥 먹을 시간이 없어서 고픈 배로 야간 자습지도를 한 것도 부지기수입니다. 간혹 컵라면 하나로 젊은 허기를 달래던 추억이 새롭습니다. 가르칠 교재는 스스로 만들어야 한다고 보충교재와 논술교재를 만들기 위해 노력한 시간도 청춘의 때였습니다. 젊은 시절은 어리둥절한 혼돈의 시절이었고 장년의 시절은 학생의 자유와 교사의 권위가 부딪히는 열정의 시간이었습니다. 원로교사가 된 이후는, 교장선생님이 기도의 동지이니 말이 통할 거라는 생각과, 젊은 분들을 위해 제 역할을 해야 한다는 근거 없는 사명감으로 노력했습니다. 그러나 여러 면에서 크게 좌절한 기억이 우세합니다. 저의 노력이 여러분의 교육활동에 긍정적 영향을 미치지 못하고 오히려 교육의 자율성 개방성 민주성 다양성이 매우 후퇴한 듯한 교육현실 속에서 물러나게 되어 미안할 뿐입니다.

책을 한권 만들었습니다. 제가 교직 생활하면서 지어온 시와 소설을 실었고, 어설픈 한시와 서예 그리고 기왕 출판한 김에 제 추억과 삶을 나열해 보았습니다. 가난 때문에 학업을 중단해야 했으며, 굶주림으로 죽음의 앞까지 가야했던 지독한 궁핍의 고등학교 시절이 생각납니다. 역사의 한 복판에서 5.18이라는 기막힌 역사의 현장을 두 눈으로 똑똑히 목격했으며 민주화 투쟁의 중심에 서있던 기억도 또렷합

니다. 교사가 된 후, 교지를 만들기 위해 매산 일대를 취재하면서 매
산에 대해 설화와 같은 이야기들을 들었습니다. 공식적인 이름이 박
난봉 혹은 난봉산으로 불리는 매산은 매화가 핀 산이 아니라, 맹금류
인 매가 떠서 날아다니던 산이므로 '매산'이라고 말하는 몇몇의 노인
들도 만났습니다. 조선의 문인 배숙이 매곡집을 지은 곳이 매곡동이
므로 매화의 梅와 '매'의 음이 가차되어 버린 거라 추측합니다. 세대
로는 586세대의 맏이지만 이 학교에서 제 친구를 비롯한 세분의 선
생님이 해직당한 전교조마저 끝내 지키지 못했던 미안한 구세대가 오
늘 물러납니다.

　걸어서 출근하다가 신기 안동네 공원에서 늘 정끝수씨를 만나곤
했습니다. 그는 나보다 한두 살 많은 늙은 발달장애인입니다. 나를
보면 늘 하이파이브를 하기 위해 뒤뚱거리며 다가옵니다. 주민들의
말에 의하면 출퇴근 시간에는 나를 기다린다고 합니다. 그래서 "이제
제가 곧 은퇴해서 못 오는데 어떻게 하죠?" 라고 걱정했더니 주민들
이 웃으며 대답하였습니다. "괜찮아요, 일주일이면 다 잊어 버리거든
요." 그러나 저는 언제쯤 그와 여러분 그리고 이 학교를 잊을 수 있을
까요.

　내일 아침 눈치 없이 잠이 일찍 깨지 않기를 바라며 퇴임 인사를
마칩니다. 안녕히 계십시오.